米中覇権戦争の行方

国際関係アナリスト
北野幸伯
Yoshinori Kitano

育鵬社

まえがき――米中覇権戦争勃発！　日本は「戦勝国」になれるか？　それとも……

こんにちは！　北野幸伯です。

私がこの本を書きはじめる目的は、大きく二つあります。

一つは、**米中覇権戦争が、わが国にとって「深刻な問題」**であることを理解していただくことです。

２０１８年、アメリカと中国の対立が激化しました。それは、「米中貿易戦争」などと呼ばれています。

しかし、私は、**「米中覇権戦争」**と呼んでいます。なぜなら、18年にはじまったのは、「貿易不均衡を是正しよう」といった次元を超えた対立だからです。

そう、これは**「覇権」「世界の支配権」をかけた、アメリカと中国の戦い**なのです。

「ふぉふぉふぉ。大げさじゃのう。トンデモ系、陰謀論の類じゃな」

そう思われた方もたくさんいることでしょう。

日本人のほとんどは、今回の米中対立がそれほど深刻だとは考えていない。しかし、私の話は、「トンデモ」とか「陰謀論」の類ではありません。

実際、日本を代表する「真面目な雑誌」も、多少表現は違いますが、同じようなことを書いています。

例を挙げましょう。

『週刊　東洋経済』（２０１８年12月29日—２０１９年1月5日合併号）の特集は、「２０１９大予測」でした。

１２８～１２９ページを見ると、

「米中新冷戦」

という用語が使われています。

「米ソ冷戦」を思い出させますね。

１２９ページには、こうあります。

〈米国が経済、テクノロジー、軍事面でその**覇権を脅かす中国**を放っておくことはない。18年は安全保障関係者を含め、政官財の超党派で対中警戒論が米国に完全定着した年だった。〉

（**太字筆者、以下同じ**）

ここでは、中国が「覇権を脅かしている」ので、アメリカは中国を放っておかないと書かれています。

そう、米中の争いは、ただの貿易戦争ではなく、「**覇権戦争**」なのです。

『週刊　ダイヤモンド』（２０１８年11月24日号）の表紙は「**米中戦争**　日系メーカー危険度ランキング」となっています。

ここでも戦いの真因は、「貿易不均衡」ではないことが語られています。

〈米国が許せない共産党支配〉（36p）

〈（前略）米中では基本思想、政治システムが相いれないのだから互いに譲れない。技術覇権も軍事覇権も譲れない。**米中戦争が長期化するのは必然だ。**〉（37p）

米中戦争の本質は「基本思想、政治システムの違い」にあるとしている。

要するに、「資本主義アメリカ　対　共産主義ソ連」「民主主義アメリカ　対　共産党一党独裁ソ連」と似た構造の対立だというわけです。

この戦争はいつまでつづくのでしょうか？

〈戦争長期化のレンジは30年、40年先とみておいた方がいい。〉（同前）

なんと、米中戦争は、30~40年つづく可能性があると。

ちなみに米ソ冷戦は、第二次大戦直後（1945年）からはじまり、ソ連が崩壊した1991年12月で終わりました。

つまり、46年間つづいた。

米中覇権戦争は、そこまで長くはないが、かなり長期になるだろうと。

『週刊エコノミスト』2018年11月27日号は、「ドル・原油・金　**「新冷戦」**でこう変わる」です。

表紙から**「新冷戦」**という用語が使われています。

三つ例をあげましたが、日本の真面目な雑誌は、アメリカと中国の対立が、「ただの貿易戦争」ではないことに気がついている。

それで、**「米中戦争」「新冷戦」**といった用語が、2018年から使われていたのです。

問題は、一般国民だけでなく、政府も「事の重大さ」に気がついていないこと。

すると、どういうことが起こるのでしょうか？

政府は、「米中対立」を「覇権戦争」と認識していない。

「もっと軽いもの」と考えている。

すると、**政府の動き自体が「軽く」なってしまう**のです

たとえば、「覇権戦争」がはじまった2018年、当たり前ですがアメリカと中国の関係は、著しく悪化しました。

ところが、日本と中国の関係は、大いに改善された。


これ、アメリカのトップは、どう感じるでしょうか？


「わが国が中国との戦争を開始した途端、同盟国日本は、中国との関係を大いに改善させた。

これは、**裏切り行為だ！**」


そう思われても仕方ありません。


たとえば、日本とロシアの関係は、2018年秋頃からギクシャクしています。

理由は、安倍総理が、平和条約締結を急ぎ始めたからです。

日本は、「平和条約締結を急ごう！」というのですが、ロシア側からは、別の言葉に聞こえます。

そう、「はやく島返しやがれ、この野郎！」と聞こえる。

だから、日ロ関係が、停滞してしまうのです。

私はもちろん四島の返還を望んでいますし、「北方領土」が重要な問題であることは誰も否定しません。

しかし、「米中覇権戦争」の最中に気合を入れて取り組む問題ではないだろうと思うのです。

この本の第1の目的は、**「米中覇権戦争が、わが国にとって「深刻な問題」であることを、理解していただくこと」**と書きました。

米中対立の深刻さが理解できれば、日本の行動は、より戦略的、大局的になるでしょう。

この本を書く第2の目的は、**「米中覇権戦争」で日本が「戦勝国」になる道を示す**ことです。

皆さんご存知のように、日本は戦後、長い間「自虐史観」に汚染されてきました。

理由は、アメリカを中心とする戦勝国が、「日本が再び強くなって反抗的にならないよう」教育（洗脳）したからです。

しかし、日本が近現代で負けた戦争は、第二次世界大戦しかありません。

日本は、日清戦争、日露戦争、第一次世界大戦、冷戦で勝利しています。

第二次大戦の大きな教訓は、やはり「**戦争は勝たなければならない**」ということでしょう。

そうでないと、戦勝国に、国の誇りも、歴史も伝統も、すべて破壊されてしまいます。

ですから、日本は、「米中覇権戦争」で**「戦勝国」になるべき**なのです。


この本の構成について、簡単に触れておきます。


第一章では、なぜ米中覇権戦争が起こったのか、その経緯を書いていきます。

第二章では、米中覇権戦争の結末を予想します。

第三章では、日本が「戦勝国」になる道を示します。逆に「また敗戦国」にならないよう、「避けて通るべき道」についても触れます。


今からちょうど80年前、第二次世界大戦がはじまりました。


日本は、その2年後、真珠湾を攻撃。

敗戦必至の戦争に突入しました。

結果、私の父方の祖父は満州で戦死。

父方の祖母は、30歳で未亡人になり、4人の子供たちを苦労して育てることになりました。

母方の祖父母は生き残ったものの、子供を2人（私の母の弟と妹）失いました。

当時、日本国で普通に見られたこれらの悲劇。

二度と繰り返さないために、日本はどう動けばいいのでしょうか？
この本で、考えていきましょう。

米中覇権戦争の行方　目次

第一章　なぜ米中覇権戦争がはじまったのか?

第二章　米中覇権戦争の結末

第三章　米中覇権戦争の世界で、日本はどうするべきか？

装幀――村橋　雅之

第一章

なぜ米中覇権戦争がはじまったのか？

◉なぜアメリカは、中国に接近したのか？

この章では、「なぜ米中覇権戦争がはじまったのか？」を考えていきます。

その答えを知るためには、「米中関係がどのように変化してきたのか」を追ってみる必要があるでしょう。

皆さんは、民主主義アメリカと、共産党の一党独裁中国は、「ずっと犬猿の仲だった」などと考えていませんか？

それは、事実ではありません。

実をいうと、アメリカと中国の関係は、１９７０年代以降、ほとんどの期間「**とても良好**」だったのです。

アメリカは第二次大戦中、中華人民共和国をつくった共産党ではなく、蔣介石の国民党を支援していました。

しかし、大戦後の内戦で、国民党は共産党に敗れた。

共産党は１９４９年、中華人民共和国を建国。

国民党は、台湾に逃げたのです。

１９５０年、朝鮮戦争勃発。
アメリカは、韓国側について戦い、中国は北朝鮮側について戦いました。
この時代、アメリカと中国は、まだ敵です。

しかし、アメリカは60年代末、中国と組む必要性を感じるようになった。
なぜでしょうか？

アメリカが、**弱くなったから**です。
逆に、ライバル**ソ連は強くなった**。
どういうことでしょうか？

アメリカは第二次大戦後、世界で唯一の超大国になりました。
日本とドイツは、敗戦国。
戦勝国でも、イギリスとソ連はボロボロ。
中国では国民党と共産党の内戦がはじまった。
というわけで、アメリカだけは、ほとんど無傷でこの大戦を乗り切ることができた。

ところが、アメリカ「この世の春」は、長くつづきませんでした。
ショッキングなできごとが、次々と起こったのです。

1949年、ソ連が原爆実験に成功。

アメリカは、原爆を保有することで「わが国の覇権はしばらく安泰だ」と考えていた。

ところが、核の独占状態は、たった4年しかつづかなかった。

同じ1949年、中国内戦で、アメリカが支援する国民党が敗北。

ソ連が支援する共産党が勝利した。

この巨大な国が共産化されたことは、アメリカにとって大きな敗北でした。

1950年、朝鮮戦争勃発。

3年間つづいたこの戦争で、アメリカは勝利することができませんでした。

1957年、ソ連は世界初の人工衛星「スプートニク1号」の打ち上げに成功。

アメリカに衝撃を与えます。

ソ連は1961年、今度は初の有人宇宙飛行を成功させました。

1962年には「キューバ危機」が起こり、アメリカとソ連は「核戦争の一歩手前」まで行った。

1963年、ケネディ大統領暗殺。

1964年、アメリカは、ベトナム戦争への本格介入を開始。

1975年まで戦ったものの、勝つことができませんでした。


このように、第二次大戦後のアメリカは、いいところがなかった。

一方ソ連には勢いがある。

60年代、70年代、「アメリカは没落し、ソ連の時代がくる」と思われていたのです。


「このままではソ連に覇権を奪われる！」


アメリカは当時、こういう危機感を持っていた。

そこで、中国を敵国ソ連から引き離し、自陣営に引き入れることにした。


こういう行動は、珍しいことではありません。

アメリカは第二次大戦中、ナチスドイツに勝つために、最大の敵だったソ連と組んでいます。

そして、第二次大戦が終わると、今度は敵だった日本、ドイツ（西ドイツ）と組み、ソ連と対峙した。

それでもソ連には勝てそうにない。

だから、中国と組むことにしたのです。

◉なぜ中国は、アメリカと和解したのか？

今度は中国の立場を見てみます。

中国は、なぜアメリカと和解することにしたのでしょうか？

これも、**「ソ連ファクター」**が原因でした。


毛沢東は、スターリン・ソ連からの支援を受けて内戦に勝利した。

当然、中国とソ連の関係は良好でした。

ところが、１９５３年にスターリンが亡くなると中ソ関係が変化します。

ソ連ではフルシチョフが指導者になり、「スターリン批判」を開始した。

主に、スターリンへの「個人崇拝」が非難されました。


「中国の神になろう」と決意している毛沢東。

「自分に対する個人崇拝をドンドン進めよう」としている彼は、フルシチョフの「正論」が嫌いでした。

中ソ関係は、悪化していきます。


その後、両国関係はますます険悪になり、１９６９年には大規模な軍事衝突に発展。

中ソ両国とも核兵器使用の準備を開始するほど深刻な状況になった。
幸い、全面戦争、核戦争は回避されましたが、この衝突は毛沢東を恐怖させました。
彼は、「ソ連には絶対勝てない」ことを知っている。

それで毛沢東は、アメリカと組むことを決意したのです。

「ソ連に対抗すること」で、**米中の利害が一致した。**

1972年2月、ニクソンが北京を訪問し、米中関係は劇的に改善されました。
どのくらい改善されたのでしょうか？

ニクソンの大統領補佐官だったヘンリー・キッシンジャーは、自身の回顧録『キッシンジャー回想録　中国（上）』（塚越敏彦・松下文男・横山司・岩瀬彰・中川潔訳／岩波書店）の中で、こんな風に表現しています。

〈（前略）**事実上の同盟関係**への移行を意味した。当初はアジアに限定されていたが、その取り組みは一年後には拡大して、残りの世界も包含された。中国と米国の協議は、正式な同盟国の間でもまれな**濃密なレベルに達した。**〉（295p）

どうですか、皆さん？
アメリカと中国は、72年の時点で**「事実上の同盟関係」**になった。
ご存知でしたか？

米中和解。
戦略的に勝利したのは、中国でした。
なぜか？

中国は、一気に**二つの巨大な脅威を消し去ることに成功した**からです。

消えた一つ目の脅威は、ソ連です。
ソ連は、アメリカがバックにいる中国に手出しできなくなった。

消えた二つ目の脅威は、アメリカです。
中国にとってアメリカ（米帝）は、それまで最大の脅威だった。
しかし、和解したことで、怖い存在ではなくなった。

米中和解は、**毛沢東の巨大な「戦略的勝利」**でした。

では、アメリカにとってはどうでしょうか？

これは、結果的に、「**大失敗だった**」といえるかもしれません。

なぜか？


アメリカは中国と和解しましたが、ソ連の脅威は消えませんでした。

アメリカは以後、惜しみなく中国を支援し、この国はどんどん強大化していった。

気がつけば、いつの間にかＧＤＰも軍事費も世界2位になり、いまやアメリカの覇権を脅かす存在になってしまった。


そう、**アメリカは、モンスター・ソ連に勝つために、別の強力なモンスターを育ててしまったのです。**

◉アメリカが育てた中国

アメリカが、モンスター・ソ連に勝つために、別の強力なモンスター・中国を育ててしまった話をつづけます。


米中和解を実現した毛沢東は、１９７６年に亡くなりました。

彼の後に実権を握ったのが、鄧小平。

革命家・毛沢東は、経済成長にほとんど興味を示さなかったことで知られています。

しかし、鄧小平は、「中国経済を発展させる」と固く決意していました。

キッシンジャーは、毛沢東と鄧小平の違いについて、こう書いています。


〈毛沢東は、中国の貿易を増大させることや、中国経済に国際競争力を持たせることに、ほとんど関心を示さなかった。〉（『キッシンジャー回想録　中国（下）』塚越敏彦・松下文男・横山司・岩瀬彰・中川潔訳／岩波書店・362p）

〈経済的な超大国としての今日の中国は、鄧小平の遺産だ。〉（同前）

1978年10月に訪日した鄧小平は、東海道新幹線、トヨタ自動車、新日鉄などを視察。日本の発展に大いに驚き、啓発されました。

中国は同年12月、「改革開放路線」に転換します。1979年1月、「米中国交正常化」が実現。鄧は同年1月28日～2月5日、アメリカを訪問。

ロケット、航空機、自動車、通信技術などの企業を視察し、アメリカの最先端技術に驚き、改革の決意をさらに固めます。


ハドソン研究所中国戦略センター所長、アメリカ国防総省顧問のマイケル・ピルズベリーは、その著書『China 2049』（野中香方子訳・日経BP社）の中で、鄧小平についてこんな風に書いています。

〈米中関係は1970年代に最も改善されたが、それは鄧小平が力を強め、中国の対外的な顔になった時期だった。西洋人にとって鄧は、理想的な中国の指導者だった。物腰が穏やかなおじいさんのようでありながら、改革精神に富むバランスのとれた指導者。要するに、西洋人が会いたいと思う人物だったのだ。〉（101～102p）

ピルズベリーは、ニクソン、キッシンジャーの時代、裏方で米中和解をサポートしていました。彼も、キッシンジャー同様、「米中関係の裏を知り尽くした人物」といえるでしょう。ピルズベリーは、『China 2049』の中で、鄧の目的と、アメリカの対中支援について書いています。

鄧の目的は、はっきりと「中国経済を発展させること」だった。

その為に必要な科学技術を、**アメリカからもらう**ことにした。

〈1978年、米中関係は正常化、つまりアメリカが共産主義中国を中国の政府として正式に認める方向へ向かっていた。その年、鄧はアメリカに求めるもののリストのトップ、すなわち**科学と技術**に狙いを定めた。〉（同前　108～109p）

〈鄧は、経済発展にとって「技術は第一の生産力」だと考えていた。そして、**中国が経済力**

でアメリカをしのぐ唯一の道は、科学と技術を大々的に発展させることだと確信していた。〉（同前　109p）

この後、ピルズベリーは、アメリカが鄧小平の時代、どれだけとんでもない支援をしたか、詳細に記しています。

彼によると、鄧は、経済発展に直接関わりのあるものだけでなく、それこそ**「すべてのもの」をアメリカから受け取る（あるいは奪う）ことに成功した。**

いったいアメリカは、どんな支援をしたのでしょうか？
『China 2049』に何が書いてあるか、見てみましょう。

・鄧小平の訪米中、米中は科学技術協定を結んだ。その結果、アメリカの科学的・技術的専門知識の**史上最大の流出**を招いた。（同前　111p）

・レーガンは1981年、NSDD（国家安全保障決定令）11に署名した。
それは、最新の空軍、陸軍、海軍およびミサイル技術を中国に売ることを許可した。
この決定の目的は、人民解放軍の戦闘能力を国際レベルまで高めることだった！（同前　114p）

共産党の一党独裁国家の戦闘能力を高めないで欲しいです。

・レーガンは1982年、**核分野で米中が協力することを提言**した。（同前）

核分野で「協力」といいますが、アメリカの技術は中国より何十年も進んでいる。要するに、**「アメリカの核技術を、ただで中国にくれてやれ！」**ということですね。

・レーガンは、**中国の軍事力を強化するために、同国への武器輸出を増やし**、一方で台湾への武器輸出を減らす指示書に署名した。（同前）

台湾が哀れです。

・レーガン政権は、**遺伝子工学**、自動化、バイオテクノロジー、レーザー、宇宙工学、有人宇宙飛行、知能ロボット工学などの分野で中国が新たに設立した研究機関を、財政と教育の両面で支援した。（同前　115p）

・1986年3月、レーガン政権は、**遺伝子工学**、知能ロボット工学、人工知能、自動化、バイオテクノロジー、レーザー、スーパーコンピューター、宇宙工学、有人宇宙飛行に焦点をあてた中国の八つの国立研究センターの設立を支援した。（同前　122p）

どうですか、皆さん。

「アメリカが中国を育てたのだよ」といえば、日本では「陰謀論者」扱いです。

しかし、ニクソン、キッシンジャーと共に働き、米中関係の裏を知り尽くした国防総省の顧問がいうのなら、「そうなのかもしれない」と思えるでしょう。

それでも、「まだ信じられん」という方は、是非『China 2049』を熟読してください。

驚愕の事実が満載です。

ところで、なぜレーガンは、あらゆるものを中国に与えつくしたのでしょうか？

〈レーガン政権は、中国を後押しすれば**ソ連に対抗できると信じ**、レーガンをはじめとして誰もが、**積極的に自由化を進めているという中国の主張を信じようとした。**〉（同前　122p）

理由は二つ。

一つ目は、「**ソ連に対抗する**」ため。

二つ目は、**中国は**、「**自由化にむかっている**」と信じていた。

レーガンは、「天安門事件」のニュースを、どんな思いで聞いたのでしょうか？

「だまされたぜ！」と嘆いたのでしょうか？

◉中国、二つのピンチを「クリントン・クーデター」で乗りきる

こうして、アメリカと中国は、キッシンジャーのいう「事実上の同盟関係」のまま時が流れていきました。

しかし、米中覇権戦争がはじまる前に、一度だけ大きな危機に直面しています。

80年代末から90年代初めにかけて「二つの理由」で、米中関係が悪化したのです。


一つ目の理由は、1989年6月の**「天安門事件」**。

共産党は、民主化デモを武力で鎮圧。

同党の発表で319人の犠牲者が出た。

実際の犠牲者数は数千人とも数万人ともいわれています。

アメリカは、「中国はいずれ民主化する」と信じて支援を行ってきた。

その期待は、天安門事件で大きく裏切られました。

もう一つの理由は、**ソ連が1991年12月に崩壊した**こと。

アメリカが中国と組んでいた最大の理由は、「共通の強敵」ソ連の存在でした。

ところが、その敵が消滅した。

当然、「ではなぜ中国のような人権侵害国家と事実上の同盟関係をつづける必要があるのか?」という疑問がでてきます。


一方、中国は、アメリカとの良好な関係を壊すつもりはありませんでした。

なぜでしょうか?


第1に、中国は、アメリカからまだまだいろいろなものを奪いたい。

技術、金。

アメリカ企業に投資してもらい、中国経済を発展させたい。

第2に、アメリカが中国を敵視するようになれば、中国に勝ち目はまったくありません。

「ソ連は倒した。次は中国の番だ!」となったら困るのです。

そこで中国は、「天安門事件」「ソ連崩壊」で悪化した米中関係を、改善することにしました。


どうやって?

ピルズベリーは、アメリカ政界の裏で起こった、**驚きの真実**を暴露しています。

なんと**中国は**、**「工作」**で、**アメリカの対中政策をひっくり返した**というのです。

どういうことでしょうか？

クリントン夫妻は一般的に、「親中派」と思われています。
しかし、彼は就任当初、中国に厳しい態度をとっていました。
天安門事件の影響で世論が反中だったため、そうせざるを得なかったのでしょうか。

中国は、アメリカがさらに反中になることを防ぐため、**アメリカ政府内に「強力な親中派グループ」を組織し、「反中政策」を転換させることにしました。**

ピルズベリーによると、「親中派グループ」には、国家安全保障担当補佐官トニー・レイク、副補佐官サンディ・バーガー、国家経済会議議長**ロバート・ルービン**、財務次官**ローレンス・サマーズ**などが含まれていた。

ルービンは、**元ゴールドマンサックス会長**で、後に**財務長官**になっています。
クリントン時代の好景気は、主に「ルービンの功績」といわれる超優秀な人物。
サマーズは、ハーバード大学の経済学者で、ルービンの後に**財務長官**になった。
確かに**「強力」**です。

「親中派グループ」は、政治家の味方を増やしていきました。

そして、何が起こったのか？

〈ついに1993年末、中国が現在、**「クリントン・クーデター」**と呼ぶものが起きた。中国に同調する面々が大統領に、**反中姿勢の緩和を認めさせた**のだ。クリントンがかつて約束したダライ・ラマとの新たな会談は実現しなかった。対中制裁は緩和され、後に解除された。〉（同前　143p）

「クリントン・クーデター」の後、米中関係はどうなったのでしょうか？

〈**すべてが元通りになった**、あるいはそのように見えた。再び、アメリカは中国を同盟国らしきものと見なすようになった。〉（同前）

米中関係の本質は、ここで大きく変わっています。アメリカが中国を助ける本質的動機はこれまで、「ソ連に対抗するため」でした。

ところが、もはやソ連はいない。

「クリントン・クーデター」後、アメリカは、中国を**「大儲けできる国」**と見なすようになった。

米中関係は、「対ソ同盟」から、**「金儲け同盟」**に移行しました。

アメリカが、中国で「金儲けしたい」と思う。

これは、当然でしょう。

中国の一人当たりGDPは、「クリントン・クーデター」が起こった93年当時、わずか523ドル（1ドル100円換算で5万2300円）でした。平均月収4300円ぐらい。

同じ93年、アメリカの一人当たりGDPは、2万6441ドル。

つまり、中国の賃金水準は、アメリカの50分の1だった。

経営者はもちろん、「中国で生産した方が儲かるよな」と考えます。

そして、13億人の巨大市場。

唯一心配なのは、「共産党の一党独裁国家」であること。

しかし、鄧小平と、彼の後を継いだ江沢民は、天安門事件の挫折を乗り越え、再び欧米の信頼を得ることに成功しました。

◉自滅するアメリカ

1991年12月、アメリカの宿敵ソ連が消滅しました。

アメリカは、1945年以来久しぶりに、「世界唯一の超大国」に返り咲きます。

当時の状況を見ると、

・最大の敵ソ連　＝　崩壊し、15に分裂

・経済のライバル日本　＝　バブル崩壊で「暗黒の20年」に突入
・欧州　＝　豊かな西欧が、民主化されたばかりの東欧を救済するので苦しい
・中国　＝　まだ弱すぎて、アメリカの相手ではない

という感じ。

アメリカは、まさに「敵なし」状態でした。

90年代、アメリカでＩＴ革命が起こり、この国は経済でも「一人勝ち」だった。

しかし、後にアメリカ最大のライバルとなる中国も、ものすごい勢いで成長をつづけていました。


２０００年代になると、アメリカの栄華に陰りがでてきます。

２００１年になると、ＩＴバブルがはじけた。

そして、同時多発テロ、いわゆる「９・11」が起こった。

90年代の繁栄がウソのように緊張した時代がはじまりました。

２００１年10月、アメリカは、「９・11の報復」という名目でアフガニスタン攻撃を開始。

これについては、「自衛権行使」（つまり、攻撃されたから反撃する）ということで、あまり問題視されませんでした。


問題は、２００３年にはじまったイラク戦争です。

「イラク戦争で、アメリカは自滅した」

といえば、日本人の大部分は違和感をもつと思います。

「トンデモ系」「陰謀論者」と思う方も山ほどいるでしょう。

これは、日本が「米英情報ピラミッド」に組み込まれていて、世界の情報が入らないからそう思うのです。

実をいうと、「イラク戦争で、アメリカで自滅した」というのは世界の常識です。

まず、この戦争、アメリカの「開戦理由」が二つとも「大ウソ」だったことがわかっています。

なんといってもアメリカ政府自身が認めている。

「信じられない！」という方は、以下の記事を熟読してください。

〈米上院報告書、イラク開戦前の機密情報を全面否定

［ワシントン＝貞広貴志］米上院情報特別委員会は八日、イラク戦争の開戦前に米政府が持っていたフセイン政権の大量破壊兵器計画や、国際テロ組織アル・カーイダとの関係についての情報を検証した報告書を発表した。〉（読売新聞2006年9月9日）

〈報告書は『フセイン政権が（アル・カーイダ指導者）ウサマ・ビンラーディンと関係を築こうとした証拠はない』と断定、大量破壊兵器計画についても、少なくとも1996年以降、存在しなかったと結論付けた〉（同前）

では、本当の開戦理由は、何だったのでしょうか？

いろいろありますが、その一つは「石油だった」と、「あの有名人」が断言しています。

〈「イラク開戦の動機は石油」＝前ＦＲＢ議長、回顧録で暴露

［ワシントン17日時事］18年間にわたって世界経済のかじ取りを担ったグリーンスパン前米連邦準備制度理事会（ＦＲＢ）議長（81）が17日刊行の回顧録で、二〇〇三年春の**米軍によるイラク開戦の動機は石油利権だったと**暴露し、ブッシュ政権を慌てさせている。〉（２００７年9月17日時事通信）

ＦＲＢのグリーンスパン元議長が、「米軍によるイラク開戦の動機は**石油利権**だった**と暴露**」した。

これ、その辺の「トンデモ本著者」とか「陰謀論者」とは、重みが違いますね。

この件、少し補足しておきましょう。

ブッシュ政権が、「石油を確保するため」にイラクを攻撃する重要な動機がありました。

というのは、アメリカ・エネルギー情報庁（ＥＩＡ）は当時、「アメリカの石油は、２０１６年ごろ枯渇する」と予測していた。

「ＡＢＣＤ包囲網」で石油が入らなくなった日本は、石油を確保するために東南アジアを攻めました。

この例でもわかるように、「エネルギーが入らなくなる」というのは、国家にとって一大事。経済活動ができない、軍隊が動かせない。

それどころか、国民の生活自体が成り立たない。

それで、ブッシュ（子）は、原油埋蔵量世界５位といわれるイラクを攻めたのでしょう。

（オバマ政権時代に起こった「シェール革命」で、アメリカの埋蔵量は激増。いまでは、世界一の産油国になっています。

それで、アメリカは、中東への関心を失いつつあります。）

アメリカのやり方は、強引で稚拙で横暴でした。

というのも、国連安保理常任理事国５か国のうち、フランス、ロシア、中国が戦争に反対していた。

安保理の承認が絶望的であることを悟ったアメリカは、「国連安保理」を無視してイラク戦争を開始した。

当時のアナン国連事務総長は、「イラク戦争は国際法違反である」と断言しています。

〈イラク戦争 **「国連憲章上違法」** 国連事務総長がBBCに
15日の英BBC放送(電子版)によると、アナン国連事務総長はBBCとのインタビューで、イラク戦争を「我々の見地からも、**国連憲章上からも違法**」と断じた上で、「各国が共同歩調をとり、国連を通して行動するのが最善という結論に誰もが達している」と述べた。〉(asahi.com 2004年9月16日)

日本は当時、「親米一辺倒」小泉総理の時代。

それで、「世界が反米、反イラク戦争になっている」ことに、日本国民はあまり気づいていませんでした。

しかし、国際世論はどうだったのか?

〈**平和の脅威「ブッシュ大統領」2位** 英紙世論調査
【ロンドン=本間圭一】ブッシュ米大統領が、**北朝鮮の金正日総書記やイランのアフマディネジャド大統領よりも、世界平和の脅威だ**――。3日付の英紙ガーディアンは、世界の指導者で誰が平和への脅威になっているかに関して聞いた世論調査でこうした結果が出たと1面トップで報じた。
調査は、英国、カナダ、イスラエル、メキシコの4か国でそれぞれ約1000人を対象に世論調査機関が実施した。〉(読売新聞2006年11月4日)

世論調査が行われたのは、イギリス、カナダ、イスラエル、メキシコ。

つまり「親米国家群」。

親米国家がこうであれば、その他の国々は、もっとひどかったことでしょう。

イラク戦争は、理由がウソ、国際法違反、さらに世界的に不人気だったことがわかりました。

この戦争については現在、あらゆる方面から批判が出ています。

たとえば、２０１９年６月28日付ＡＦＰは、民主党大統領候補の討論会で、以下のようなやり取りがあったことを報じています。

〈バイデン氏は、新世代だけでなく古参のサンダース氏からも攻撃を受けた。サンダース氏が、米議会上院で**イラク戦争に賛成票を投じたこと**について問うと、バイデン氏はイラクから15万人の部隊を撤退させたことで責任を取ったと主張。

この発言にサンダース氏がかみつき、「**ジョーはあの戦争に賛成票を投じた**。私は反対派を率いる支援をした。**あの明らかに失敗した戦争のことだ**」と責め立てた。〉

どうでしょうか？

「イラク戦争を支持した」ことは、「大統領選で不利になる材料」なのです。

サンダースさんが、イラク戦争のことを「**明らかに失敗した戦争**」と呼んでいることにも注目です。


他の例を。

イギリスの独立調査委員会は2016年7月6日、イラク戦争について7年間調査した結果を報告しました。結論は、「イラク戦争は間違いであった」。

この報告を受け、ブレア元首相は、厳しい批判にさらされることになりました。


また、世界でもっとも有名な戦略家エドワード・ルトワック氏は、その著書『中国《チャイナ》4・0』(奥山真司訳・文春新書)の中で、イラク戦争は、**日本の真珠湾攻撃に匹敵する戦略的誤り**だったと書いています。


イラク戦争がはじまった翌2004年、「この戦争のせいでアメリカは没落する!」と予言した人物がいます。

世界3大投資家の一人、ジョージ・ソロス。

彼は、イラク戦争がはじまった翌2004年、『ブッシュへの宣戦布告』(寺島実郎監訳・藤井清美訳・ダイヤモンド社)という本を出版しました。

何が書いてあったのでしょうか？

〈先制軍事行動を唱えるブッシュ・ドクトリンを私は有害だと思っている。〉（ｉｐ）

〈アメリカの単独覇権というブッシュの夢は、達成不可能であるばかりか、アメリカがその伝統として唱えてきた理念と矛盾するものである。〉（同前　ⅱｐ）

〈アメリカは今日の世界で、他のどの国家も、またどの国家連合も、当分は対抗できそうもない支配的な地位を占めている。**アメリカがその地位を失うとすれば、それは唯一、自らの誤りによってだろう。**ところが、アメリカは今まさに、**そうした誤りを犯しているの**である。〉（同前）

どうですか、これ？

「アメリカがその地位を失うとすれば、それは唯一、自らの誤りによってだろう。」

「アメリカは今まさに、そうした誤りを犯している」

つまりソロスは、「**イラク戦争は誤りで、それによってアメリカは、自らの地位**（＝**覇権国家の地位**）**を失う**」といっている。

これは、まさに今起こっていることです。

なぜアメリカは、大きな間違いを犯してしまったのでしょうか？

〈それは、この国が、「確実なものが存在する」という間違った考えと強い使命感を持つ**過激派グループ**に牛耳られているためだ。〉（同前）

ソロスは、ブッシュ政権のことを、「**過激派グループ**」と呼んでいます。

皆さんご存知のように、ブッシュ政権は、「ネオコン政権」と呼ばれていました。

そして、その主な支持基盤は、「キリスト教右派」「軍産複合体」「石油業界」「イスラエル」など。

ソロスのこの発言から、重要なことがわかります。

ソロスのような「国際金融資本家」の一部は、イラク戦争に反対、ネオコンにも反対だった。

◉大成功した中国の戦略

アメリカは、イラク戦争で「**自滅道**」を驀進している。

その一方で、「**世界の希望**」として浮上してきた国があります。

それが、中国。

「ふざけるな！

中国が世界の希望だと!?」

卒倒した人も多いことでしょう。

これ、「私がそう思っていた」という話ではありません。

私は、10年以上前から中国の危険性を警告していました。

しかし、「世界でもっとも影響力のある人たち」、もっと具体的にいうと「国際金融資本」の一部が、「中国に希望をもっていた」ということです。（証拠は、後述）

この話、大多数の日本人には信じがたいでしょう。

そう、日本人は、今も昔も「中国は危険な国」と認識しているからです。

日本人の見方は正しかった。

しかし、世界は2000～2009年、中国を「危険な国」とは見ていませんでした。

中国では2003年、いかにも悪気がなさそうな男・胡錦濤《こきんとう》が、江沢民の後を引き継ぎ、国家主席に就任した。

彼は、非常に賢い戦略で進んでいきます。


「平和的台頭」

戦略家ルトワックは、いいます。

〈ところが同時に、そこには別のメッセージも込められていた。それは「どの国も、中国経済の台頭を恐れたり、反発したりする必要はない、なぜなら中国の台頭は**完全に平和的**なものであり、また既存の権力構造を変化させず、国際的ルールにも従うからだ」というものだった。つまり中国は諸外国に独自の経済ルールを押し付けるようなことは考えておらず、GATT（関税及び貿易に関する一般協定）にも参加するし（これはのちのWTO（世界貿易機関）になった）、国際法も順守する。〉（『中国《チャイナ》4・0』18p）

私たち日本人は、「中国のこんな主張を信じるなんて、アメリカ人はなんてナイーブなんだろう」と思います。

しかし、日本から見た中国と、アメリカから見た中国が全然違うことを知っておく必要があります。

ルトワックは、さらにいいます。

〈この当時の中国は、**どの国にとっても恐ろしい存在ではなかったし**、国際秩序に対しても**脅威になってはいなかった**。領海や国連海洋法条約、それに国際的な金融取り決めなど、私的・公的を問わず、中国は実に多くの面で国際法を守っていたからだ。（中略）「チャイナ1・0」は、中国に政治・経済の両面において、**非常に大きな成功をもたらすことになった**のである。〉（同前　19P）

「チャイナ1・0」というのは、ルトワックの造語です。

2000～2009年、「平和的台頭」路線の中国を指します。

ルトワックは、「チャイナ1・0」を「最も成功した戦略」と絶賛しています。

なぜでしょうか？

普通、ある国が台頭してくると、他の国々は自然と警戒心を持つようになります。警戒すると他の国々は、台頭してきた国を念頭に、軍備を増強したり、同盟関係を強化したりするでしょう。

ところが、中国は、世界一速いスピードで経済成長していたにもかかわらず、他国に警戒心を抱かせることがなかった。

〈「チャイナ1・0」は、このような「戦略の論理《ロジック》」を完全に押さえ込むことに成功した。他国は中国の台頭をただ傍観したまま、それに対して警戒的な反応を示すことは全くなかったからである。ロシアもアメリカも、さらには日本でさえも、中国の台頭に対抗するためにそれほど軍備増強をしたわけではない。〉（同前21p）

◉ソロスは、中国が覇権国家になることを歓迎する

さて、ブッシュ政権を「過激派」と呼んだ男ソロス。

彼は、2006年に出版された本『世界秩序の崩壊～「自分さえよければ社会」への警鐘』（越智道雄訳・ランダムハウス講談社）の中で、アメリカと中国についての考えを明らかにしています。

〈ところが、ここに、皮肉にも愚かな事態が起きた。近隣の大国・中国が基本的に多極主義を受け入れ始めた矢先、アメリカ合衆国が正反対な方向へと動き、国際的な諸制度への疑念を強め、最近の国家安全保障面での難題に対して大幅に一極主義的な治療策を遂行したのである。日本は、この両国の板挟みになった。かたや最大のパトロンかつ保護国ながら、**昨今ますます世界の多くの国々との折り合いが悪くなってきたアメリカ**。かたやその**経済的繁栄を持続させ確保すべく国際的システムにおいて安定と現状維持を志向しつつある中国**。〉（9p）

ソロスによると2006年当時のアメリカは、「**昨今ますます世界の多くの国々との折り合いが悪くなってきた**」国である。

一方、中国については、「**経済的繁栄を持続させ確保すべく国際的システムにおいて安定と現状維持を志向しつつある**」国。

2006年時点のソロスの、「米中観」は明確です。

つまり、彼は、「**アメリカ＝悪**」「**中国＝善**」と考えていた。

この評価は、2010年時点でも変わっていません。

彼は2010年11月16日の「フォーリン・ポリシー」で、
〈アメリカから中国への、パワーと影響力の本当に驚くべき、急速な遷移があり、それはちょうど第二次世界大戦後の英国の衰退とアメリカへの覇権の移行に喩えられる〉
〈今日、中国は活発な経済のみならず、実際に、アメリカよりもより機能的な政府を持っている」という議論を呼ぶであろう〉

と語りました。

つまり、彼は当時、「イギリスからアメリカに覇権が移ったように、今は、**アメリカから中国に覇権が移動している**」と考えていた。

さらに、中国は「**アメリカよりも機能的な政府を持っている**」と。

これも、本当に驚きです。

よく知られた事実ですが、ソロスは、「オープン・ソサイエティ財団」、つまり「開かれた社会財団」を所有、運営しています。

そして、彼の財団は、世界各地で独裁国の民主化勢力を支援している。

ところが、共産党の一党独裁国家、基本的人権の存在しない、「開かれていない社会」である中国だけは、完全に例外扱い。

それどころか、大絶賛している。

ソロスだけでなく、90歳をとっくに超えてもトランプ大統領の「最高顧問的存在」だったキッシンジャーも、高く中国を評価しています。

彼は、その著書『キッシンジャー回想録　中国（下）』の最後で、**「太平洋共同体」**を提唱している。

「太平洋共同体」とは、要するに、**アメリカと中国で仲良く世界を支配しましょう**ということです。

〈周恩来首相と私が秘密訪問を発表するコミュニケで意見の一致をみた時、彼は「これは世界を揺るがすだろう」と言った。四〇年を経て、米国と中国が世界を揺るがすのではなく、**世界を構築する努力に一緒に取り組めるようになれば、なんと素晴らしいことだろう。**〉（574p）

リーマンショックから「100年に1度の危機」が起こる前、アメリカは、イラク戦争で「自滅道」を驀進していた。

一方で、中国は、ソロスのような国際金融資本から、「覇権国家になること」を期待されるようになっていたのです。

◉2009年、中国は本性を現す

ここまでの流れを少し振り返ってみましょう。

1970年代、アメリカと中国は、ソ連に対抗するために、「事実上の同盟関係」になりました。

1980年代、鄧小平・中国は、アメリカからあらゆるものを奪うことに成功。

中国経済は奇跡的な成長を開始します。

1990年代、米中関係は「天安門事件」「ソ連崩壊」で危機に陥ります。

しかし、「クリントン・クーデター」によって、関係は改善された。

その後、米中関係は、「対ソ連同盟」に代わる「金儲け同盟」に移行。

両国は、再び良好な関係に戻りました。


ところが今は、「米中覇権戦争」がはじまっている。

いつ、米中関係は悪化したのでしょうか？

その「はじまりのはじまり」は、2008年9月に起こった「100年に1度の大不況」でした。

これで、アメリカは沈んだのです。

そして、ほとんどすべての国が、アメリカの危機にひきずられて大不況になった。

しかし、この危機を「ほとんど無傷」で乗り切った国がありました。

それが、中国です。

（より正確にいうと、インドもあまり問題なく乗り切った。）

中国のGDP成長率を見ると、そのことがはっきりします。

2008年9・6％、2009年9・2％、2010年10・61％、2011年9・5％。

あたかも「100年に1度の大不況」が「存在しなかったごとし」です。

この時期、中国は、**「アメリカは沈んだ。わが国は浮上した。われわれはこれからアメリカを気にせず国益を追求できる」**と考えた。

それで、**長年隠していた「本性」を表に出してしまいます。**

中国政府高官の態度は、リーマンショックの前と後では、激変した。

振る舞いが傲慢になった。

ピルズベリー氏は、『China 2049』の中で、２００９年以降、中国の態度が変化したことについて書いています。

〈中国は、アメリカとその新しい大統領であるバラク・オバマに対する**態度を明らかに変化させた。**〉（３０２p）

彼は、２００９年12月コペンハーゲンで開かれた気候変動会議でのエピソードを紹介しています。

〈この首脳会議で目を引いたのは、中国の代表団の**姿勢が大きく変わった**ことだ。彼らはいつになく**無礼な態度**を取り、欧米の代表の話を何度も遮り、建設的な意見をほとんど述べなかった。温家宝首相はほとんどの交渉への参加を拒み、他国の首脳たちを**鼻であしらった。**気候協定の交渉案に西側が期待する公約が含まれることを阻止する付帯決議を、中国は他の発展途上国の国々とともに採択してオブザーバーたちを驚かせた。それは、**全世界の合意という会議の目標に真っ向から歯向かう行為**だった。〉（同前）

ルトワック氏も、同じことを指摘します。

〈それまでよく北京に通っていた訪問者たちは、相手側がいままでの自制的な態度から**横柄な態度**へと急激に変化したことや、外交部の幹部たちの使う新しい言葉――さらにはボディー・ランゲージまで――が**独善的なものになってきた**ことに驚かされることになった。〉（『自滅する中国』奥山真司監訳・芙蓉書房出版・2p）

では、なぜ中国の態度は、横柄で独善的になったのでしょうか？
ルトワック氏の考えは、こうです。

〈振り返ってみると、この時の中国の支配層――党の幹部や影響力のある学者のアドバイザーたち、そして活動的なPLA（人民解放軍）の将校たちなど――は、金融危機の意味を「拡大解釈」してしまったのだ。彼らは「経済の総合力で中国の超大国への台頭が早まる」と正確に認識しており、すでに中国の戦略的な力も大規模に拡大してしまったかのような言動と行動を始めたのだ。〉（同前）

「アメリカはもはや怖くない」と勘違いした中国。
言葉だけでなく、行動も大胆になってきました。
その一つの例が、2010年に9月に起こった中国尖閣漁船衝突事件でしょう。
皆さん覚えておられるでしょうか？

中国漁船が海上保安庁の巡視船に体当たりした事件です。

どう考えても中国側が悪いのですが、この国は、日本に「レアアース禁輸」など厳しい制裁を科して世界を驚かせました。

結局この事件は、オバマ大統領、ヒラリー・クリントン国務長官、ゲーツ国防長官などがはっきりと日本側についたことで沈静化しました。

中国は、弱体化したアメリカが、いまだに日米同盟の義務を果たす意志があることを知ったのです。

中国は、「一人勝ち状態」でしたが、米国と対決して勝てるパワーはまだありません。

だから、引っ込んだのです。

この事件で世界は、「平和的台頭」をスローガンに成功してきた中国の「本性」に気がつきました。

当時の国際世論は、たとえば以下のような感じでした。

〈米紙ワシントン・ポストは26日付で発表した論説で、「過去数週間にわたる中国のパフォーマンスは、**中国が依然として民族主義に起因する領土問題で絶え間ない紛糾を演じる専制国家であることを世界に知らしめた。**

強大な経済力を政治や軍事に反映し、**尖閣諸島での小さな紛糾を大々的な地縁政治紛争に持**

ち上げた」と、手厳しく非難。

日本側は船長を釈放したのにも関わらず、中国はさらなる謝罪と賠償を要求している。〉

（Record China ２００９年9月28日）

しかし、既述のように、この時期の米中対立は「はじまりのはじまり」に過ぎません。

アメリカは当時、「１００年に1度の大不況」克服で忙しく、中国と正面対決するつもりはなかった。

そして世界は、中国を孤立させるどころか、逆にこの国に接近していったのです。

なぜ？

世界中が大不況に苦しむ中、中国だけは成長をつづけている。

そう、**「チャイナ・マネー」**は、世界の国々にとって、**とても魅力的だった**のです。

◉習近平の「中国の夢」

２０１２年12月、日本では安倍さんが首相に返り咲きました。

その約1か月前、中国では、習近平体制がはじまっています。

２０１２年11月15日、習近平は共産党中央委員会総書記、党中央軍事委員会主席に選出された。

彼は、胡錦濤の「平和的台頭」戦略を大胆に捨て去り、**「誇大妄想的」**な**「中国の夢」**を語りました。

2012年11月15日の演説を見てみましょう。


「わが民族は、偉大なる民族だ。

5000年以上にわたる文明の発展の中で、中華民族は人類の文明の進歩に不滅の貢献をしてきた。

それが近代以降、艱難辛苦を経験し、最も危険な時期を迎えた。

だが中国共産党の成立後、頑強に奮闘し、貧困の立ち遅れた旧中国を、繁栄と富強の新中国へと変えた。

中華民族の偉大なる復興の光明は、かつてないほどすぐ近くの前景にある。

中華民族を世界民族の林の中で、さらに強く自立させるのだ！」


この演説の意味について、近藤大介先生は『パックスチャイナ　中華帝国の野望』（講談社）の中で、詳しく解説されています。

〈すなわち「古代から19世紀前半に至るまで、中国は一貫して世界最大の富強国家で、周辺の属国群を従えていた。それが1840年のアヘン戦争でイギリスに敗れて、世界ナンバー1の座から陥落した。続いて1894年の日清戦争で日本に敗れたことで、アジアナンバー1の座からも陥落した。その後は奈落の底に落ちていき、半植民地状態という悪夢の20世紀前半を迎えた。いわゆる「屈辱の100年」（1840年～1949年）である。

そこへ毛沢東という偉人が現れて、共産党を指導して抗日戦争を勝利に導いた。（実際に抗日戦争を戦ったのは主に国民党軍）。そして1949年に、中華人民共和国を建国したことで、中華民族の偉大なる復興が始まったというわけだ。

そこで、「建国の父」毛沢東の後継者である習近平は、第1段階として、時計の針を1894年まで戻す。つまり、2021年の中国共産党100周年までに、**日本を押しのけてアジアでナンバー1の大国としての地位を取り戻す**。続いて第2段階として、時計の針を1840年まで戻す。つまり、**2049年の建国100周年までに、アメリカを超えて世界ナンバー1の大国として君臨する。**

この「二つの100年」の達成を、習近平外交の目標に据えたのである。」〉（18～19p）

共産党100周年までに、アジアでナンバー1の大国になる。
これは、もう実現しました。
2010年、中国は、日本を追い抜いてGDP世界2位に浮上した。
その後も、日中の差は開いていくばかりです。

では、２０４９年までに、「アメリカを超えて世界ナンバー1の大国として君臨する」はどうでしょうか？

こちらは、実現するかわかりません。

わかりませんが、「ナンバー1の座を渡したくないアメリカが、中国の邪魔をする」ことは予想できます。

とはいえ、アメリカは２０１２年の時点で、まだ眠っています。

◉安倍総理を冷遇し、習近平を優遇したオバマ

既述のように、安倍総理と習近平は、ほぼ同時期に国の指導者になりました。

当時、アメリカの大統領は、オバマさんです。

オバマは、軍事同盟国日本の首相と、共産党の一党独裁国家中国の国家主席、どちらを優遇したのでしょうか？

安倍総理がはじめてオバマに会ったのは、２０１３年のことです。

リベラルなオバマは当初、「右寄り」といわれる安倍さんを嫌っていた。

それで、なかなか会おうとしなかった。

２月にようやく会えたものの、会談時間は1時間でした。

そんなオバマは同年6月、訪米した習近平と会っています。

2日間で8時間会談した。

彼が、日本より中国を重視しているのは明らかでした。

習近平は、オバマにむかって、大胆にこんなことを言いました。

「世界は、中国とアメリカが牽引していく**G2時代**を迎えた。

これからは太平洋の東側、すなわちアメリカ大陸とヨーロッパは、アメリカが責任を持って管理する。

一方の太平洋の西側、すなわち**東アジアは、中国が責任を持って管理する。**

つまり**東アジアのことは、基本的に中国に任せてほしい。**

そのような**『新型の大国関係』を**築こうではないか!」

「東アジアは、中国が責任を持って管理する」そうです。

ということは、**「日本は、中国の管理下に入る」**ということですが……。

オバマさんは、「バカも休み休みいえ」と一蹴したのでしょうか?

彼は、こんな風に回答しました。

「米中関係は、両国にとって、またアジア太平洋、ひいては世界にとって、たいへん重要である。

今回私は、米中関係を高度に重視するものだ。

互利互恵の基本の上に立って、新たな提携の方法を考えていこうではないか。

アメリカは、中国が大国として、継続して平和的に発展していくことを歓迎する。

平和で安定し、繁栄する中国は、アメリカと世界にとって望ましい。」


この回答を見ると、２０１３年６月時点で、オバマは、中国をまったく警戒していません。

そして、「共存共栄」が可能と考えていたこともわかるでしょう。

◉迷走するオバマ外交

オバマは２００９年1月20日、大統領に就任しました。

当時は、「１００年に1度の大不況」の真っ最中。

「最悪の時期」に大統領になったといえるでしょう。

しかし、彼は２００９年〜２０１２年の1期目で、この危機を克服することに成功しました。

それだけでも、「偉大な大統領」といえるのではないでしょうか？

オバマは1期目、経済危機克服で大変忙しく、外交はあまり重視していなかった。

2期目になると、ある程度余裕ができたのか、外交の方も活発になってきました。

しかし、おそらく彼には明確な外交戦略がなかったのでしょう。

それで「一貫性のない外交」をすることになります。


「一貫性のない外交」とはなんでしょうか?

「主敵」がコロコロ変わるのです。


2013年8月、彼はシリアのアサド政府軍が「化学兵器を使った」ことを理由に、「シリアを攻撃する」と宣言しました。

しかし、翌月攻撃をドタキャンし、世界を仰天させた。

この時期、彼の主敵は、シリアの独裁者アサドでした。


2014年2月、ロシアの西隣の旧ソ連国ウクライナで革命が起こりました。

結果、親ロシアのヤヌコビッチ政権が倒れ、親欧米新政権が樹立された。


2014年3月、ロシアは、ウクライナ領クリミアを併合し、世界を驚愕させました。

オバマは、日本、欧州を誘い、対ロシア制裁を科します。

この制裁は、現在までつづいており、ロシア経済はボロボロになっています。

この時期、オバマの「主敵」は、明らかにプーチンでした。

ところが、「プーチン憎し」の情熱も、それほど長くはつづかなかったのです。

２０１４年半ばになると、今度は、「イスラム国」（ＩＳ）が主敵になった。

この年の8月、アメリカと有志連合がＩＳ空爆を開始しています。

「主敵が定まらない」のは、「戦略のない人」の特徴です。

オバマは、ケンカをはじめ、勝利しないまま次の相手とケンカをはじめるといったことを繰り返していたのです。

◉ＡＩＩＢ事件

しかし、戦略不在のオバマも、ついに「真の主敵」「最大の脅威」はどの勢力なのか気づく時がやってきました。

そのきっかけは、２０１５年3月に起きた「**ＡＩＩＢ事件**」です。

「ＡＩＩＢ」とは、「アジアインフラ投資銀行」の略。

習近平が２０１３年10月、インドネシアＡＰＥＣで提唱しました。

この時、彼は「一帯一路構想」も披露しています。

ＡＩＩＢは、その名のごとく、アジアのインフラを整備するためにつくられた「国際金融機関」。

しかし、「国際」とはいいますが、事実上中国が支配している。


この構想を聞いた時、アメリカ政府は、「大した勢力にはならないだろう。東アジア、東南アジアの一部の国が参加する小規模なものだろう」と甘くみていました。

しかし、２０１５年3月12日、**「歴史的大事件」**が起こった。


「ＡＩＩＢ事件」とはなんでしょうか？

「歴史的というが、聞いたことないぞ」という人が多いことでしょう。


きっかけは、イギリスがアメリカの制止を無視して「ＡＩＩＢ参加」を決めたことでした。

イギリスといえば、「アメリカと特別な関係にある」といわれる。

つまり、「世界で一番仲良しだ」と。

アメリカと「特別な関係」にあるイギリスが、ＡＩＩＢに入った。

「それなら、俺たちが入っても問題ないだろう」と「雪崩現象」が起こった。


同月3月16日、フランス、ドイツ、イタリアが参加を表明。

3月26日、韓国、3月28日ロシア、ブラジル、3月31日エジプト、スウェーデンが次々と参加を決めました。

結局、世界57か国がＡＩＩＢへの参加を決めた。

ちなみにＡＩＩＢ加盟国、現在ではなんと１００か国まで増えています。

ＡＩＩＢには、アメリカの同盟国、親米諸国もほとんど参加しています。

たとえば、イギリス、フランス、ドイツ、イタリア、イスラエル、オーストラリア、韓国などなど。

特に重要なのは、やはりイギリスが裏切ったことでしょう。

もう一度強調しておきたいのですが、イギリスは、アメリカが「参加するな」と要求したのを無視したのです。

証拠をお見せしましょう。


ロイター２０１５年３月24日付。


〈欧州諸国は今月、いずれも先発者利益を得ようとＡＩＩＢへの参加を表明。**米国の懸念に対抗したかたち**となった。

いち早く参加を表明した英国のオズボーン財務相は議会で行った演説で、ＡＩＩＢが英国にもたらす事業機会を強調した。

「われわれは、西側の主要国として初めてＡＩＩＢの創設メンバーに加わることを決定した。新たな国際機関の創設の場に存在すべきだと考えたからだ」と述べた。

この演説の前には、**ルー米財務長官が電話で参加を控えるようオズボーン財務相に求めていた。〉**

この記事から、**アメリカが「入るな！」と要求し、イギリスが拒否した**ことがはっきりわかります。

それで他の国々も、「イギリスがアメリカを無視したのだから、俺たちもシカトして大丈夫だろう」と判断した。

〈**米国の緊密な同盟国である英国のこの決定を受け、他国の参加ラッシュが始まった。**英国の「抜け駆け」を不満とする独仏伊も相次ぎ参加を表明し、ルクセンブルクとスイスも素早く続いた。〉（同前）

この時、中国はどんな反応をしたのでしょうか？

なんと、アメリカをあざ笑ったのです。

〈中国国営の新華社は論評で「ドイツ、フランス、イタリア、そして主要7カ国（Ｇ7）のメンバーで米国の長年の同盟国でもある英国の加盟は、米国が掲げる『反ＡＩＩＢ』の動きに決定的な亀裂を生じさせた」とし、**「負け惜しみは米国を孤立させ、偽善的にみせる」**と批判した。〉（同前）

◉ＡＩＩＢ事件の歴史的意義

「いつ、アメリカは、覇権戦争開始を決めたのですか？」

こう質問されたら、私は**「ＡＩＩＢ事件が起こった２０１５年３月です」**と答えるでしょう。

しかし、同じように考える人はあまりいません。

「ＡＩＩＢ事件＝歴史的大事件」とは、普通考えないようです。

なぜ、「ＡＩＩＢ事件＝歴史的大事件」なのでしょうか？

答えは、**「アメリカが覇権を喪失した事件」**だからです。

どういうことでしょうか？

そもそも「覇権」とは何でしょうか？

「デジタル大辞泉」には、こうあります。

「覇者としての権力。力をもってする支配力。」


覇権というのは、「支配力」のことをいうのですね。

一昔前は、「覇権国家」であること、「植民地の数」などで知ることができました。

しかし、第二次大戦後は、植民地がどんどんなくなっていった。

冷戦時代、アメリカは、「資本主義陣営」の覇権国家。

ソ連は、「共産主義陣営」の覇権国家でした。

アメリカは、いわゆる「西側陣営」を、ソ連は、いわゆる「東側陣営」を率いていた。

アメリカは、西側陣営で、金力（経済力）と腕力（軍事力）で同じ陣営の他国を圧倒していた。

ソ連は、東側陣営で、金力（経済力）と腕力（軍事力）で同じ陣営の他国を圧倒していた。


では、いつ「覇権国家が覇権国家であること」が示されるでしょうか？

これは、覇権国家が、他国に何かを要求したときです。

あるいは、命令したときです。

アメリカが日本国に何かを命令した。

その時、「わかりました。そうしましょう！」と日本が従えば、アメリカは日本に対し「覇権を維持している」ことがわかります。

しかし、アメリカが10要求し、日本が2しかやらなければ、果たして「アメリカは日本に対する覇権を持っている」といえるでしょうか？

いえないですね。

「経済力と軍事力がナンバー1であること」は、覇権国家の条件です。

しかし、実際に覇権があるかどうかは、その国が他国に何かを要求し、それを他国が素直に実行したときにはじめてわかる。

アメリカは、「世界の覇権国家」と呼ばれていました。

アメリカが「右向け！」といえば、世界の国が右を向く。

ところが、2015年3月の「AIIB事件」で、**誰もアメリカのいうことを聞かなかった。**

アメリカと「特別な関係にある」とされるイギリスがまず裏切り、他の親米諸国がつづいた。

だから、「AIIB事件」は、

「アメリカの覇権喪失を世界に示した、歴史的大事件」

なのです。

一方、アメリカのいうことを聞かなかった「親米諸国」は、中国の主導する「AIIB」に参加した。

別の言葉で、**中国のいうことを聞いた。**

つまり、「AIIB事件」は、

「中国が覇権一歩手前まで近づいている」

ことを世界に示した。

この現実に直面して、ボンヤリ者のオバマさんも、ついに目覚めました。

彼は、**「中国を打倒し、アメリカの覇権を取り戻すこと」**を決意します。

◉天才戦略家に生まれ変わったオバマ

既述のように、オバマは2009年~2012年までに1期目、「100年に1度の大不況」との戦いで多忙でした。

2013年からはじまった2期目、ようやく外交に取り組むようになった。

しかし、戦略がなかったからか、フラフラし、主敵がシリア、ロシア、ISとどんどん変わっていました。

ところが2015年3月、AIIB事件でオバマは、ようやく「主敵はどの国か」を悟った。

その後彼は、「天才戦略家」のように行動するようになっていきます。


まず彼は、「中国以外の問題」をすべて解決したのです。

当時、世界にはどんな問題があったのでしょうか？


ウクライナでは内戦がつづいていました。

2014年2月、この国で革命が起こり、親ロシア・ヤヌコビッチ政権が倒れ、親欧米政権が生まれた。

同年3月、ロシアがクリミアを併合。

同4月、ウクライナ東部ルガンスク州、ドネツク州が独立を宣言し、内戦がはじまった。

欧米は、ウクライナ新政権を、ロシアはルガンスク、ドネツク（いわゆる「東部親ロシア派」）を支援しました。


シリアでは、2011年から内戦がつづいていました。

欧米は、「反アサド派」を、ロシアはアサド政権を支援している。

この二つが最重要問題ですが、イラン核問題も、重要でした。

オバマは、この三つの問題を「アッ」という間に解決します。(完全解決とはいえませんが。)

まずウクライナから見てみましょう。

2015年2月(つまりAIIB事件の前月)、ロシアのプーチン大統領、ドイツのメルケル首相、フランスのオランド大統領、ウクライナのポロシェンコ大統領が、停戦に合意しました。(ミンスク合意2)

アメリカは当初、この合意に不満でした。

それで、ウクライナに大々的に武器を提供し、戦闘を再開させ合意をぶち壊そうとした。

しかし、合意の翌月に、AIIB事件が起きた。

それで、アメリカは、ウクライナを放置することにしました。

アメリカが関与しなくなったので、ウクライナ内戦は、沈静化したのです。

そして、「AIIB事件」の翌々月である2015年5月、ケリー国務長官がロシアを訪問。

「制裁解除もあり得る」と発言し、世界を仰天させました。

〈露訪問の米国務長官、ウクライナ停戦履行なら**「制裁解除あり得る」**

【AFP＝時事】米国のジョン・ケリー（John Kerry）国務長官は12日、ロシアを訪問し、ウラジーミル・プーチン（Vladimir Putin）大統領とセルゲイ・ラブロフ（Sergei Lavrov）外相とそれぞれ4時間、合わせて8時間に及ぶ会談を行った。
　その後ケリー氏は、ウクライナの不安定な停戦合意が完全に履行されるならばその時点で、欧米がロシアに科している**制裁を解除することもあり得る**という見解を示した。〉
（AFP＝時事2015年5月13日）

これは、なんでしょうか？

ロシアは、ウクライナ東部親ロシア派、シリア・アサド政権、イランを支援している。

つまり、アメリカにとって「諸悪の根源」であり、同国の敵の「黒幕」です。

当然対立していたのですが、「中国はロシアより危険な敵だ」と認識された。

それで、ロシアと和解し、その他の問題を解決することにしたのです。


アメリカとロシアは、利害が一致する問題から協力を開始します。

まず、イラン核問題。

米ロは協力して、長年の課題だったイラン核問題を「アッ」という間に解決しました。

〈イラン核交渉〉最終合意　ウラン濃縮制限、経済制裁を解除
【ウィーン和田浩明、田中龍士、坂口裕彦】イラン核問題の包括的解決を目指し、ウィーンで交渉を続けてきた6カ国（米英仏露中独）とイランは14日、「包括的共同行動計画」で最終合意した。
　イランのウラン濃縮能力を大幅に制限し、厳しい監視下に置くことで核武装への道を閉ざす一方、対イラン制裁を解除する。〉（毎日新聞2015年7月14日（火）22時1分配信）
（トランプは、この合意から離脱しましたが、その件は後述。）

シリア内戦については、2016年2月、アサド派と反アサド派の全面停戦が実現しました。アメリカとロシアが、共同で呼びかけたからです。

こうして、AIIB事件に衝撃を受けたオバマは、ロシア、ウクライナ、イラン、シリア問題を極めて短期間で沈静化させることに成功した。
なぜ、彼は諸問題の解決を急いだのでしょうか？

中国打倒にエネルギーを集中させるためです。

◉オバマ、中国の「南シナ海埋め立て問題」を非難

そして、オバマ政権は、突然中国バッシングを開始しました。
最初に問題とされたのが、中国による「南シナ海埋め立て問題」。

この件、あまり日本では報じられませんし、問題にもされていないようです。

そのせいで、日本の対中観が非常に甘いものになっている。

ですから、中国が南シナ海で何をしているのか、少し触れておきましょう。

皆さん「南シナ海埋め立て問題」と聞いて、中国は「一か所だけ埋め立てしている」などと考えていませんか？


中国は、南シナ海のいわゆる「九段線」を主張しています。

九段線は、もともと中国共産党の前に中国を支配していた中国国民党が1947年、「十一段線」として発表したものがもとになっています（国民党は、共産党との戦いに敗れ、台湾に逃げた）。


しかし、当時の中国は、自国の統一すらされていない状態。

もちろん、南シナ海も支配していなかった。

要するに、この「十一段線」というのは、法的根拠に基づくわけではなく、将来「支配できたらいいなあ」という「夢」や「願望」の類だった。


戦略家ルトワックは、この「十一段線」について、「酒を飲んで酔っ払った勢いでこのようなものをでっち上げた」と断言しています。（『中国《チャイナ》4・0』37p）

1953年、既に国民党を打ち破り、中華人民共和国を建国していた共産党は、国民党の十一段線から二つ抜いて「九段線」としました。

これも、たんなる「願望」であって、なんら法的根拠があるわけではありません。

日本の尖閣同様、中国が弱いうちは、あまり問題になりませんでした。

しかし、中国は経済発展で力をつけるにつけ、遠慮なく国益を追求するようになっていきます。

中国が武力を背景に強奪した場所。

例えば、

・スカボロー礁（中沙諸島にある環礁。フィリピンが実効支配していたが、2012年に中国が奪う。）

・ガベン礁（南沙諸島にある。1988年、中国とベトナムの海戦があり、中国が実効支配するようになった。2014年、中国は、ここに人工島を建設しはじめた。）

・ファイアリークロス礁（南沙諸島にある環礁。ベトナムが支配していたが、1988年の海戦で中国が奪った。2014年から人工島が造られ、3110メートルの滑走路が建設された。）

・クアテロン礁（南沙諸島にある暗礁［＝常に水面下にある岩礁］。１９８８年の海戦で、中国がベトナムから奪った。２０１４年から埋め立てが開始されている。）

・ヒューズ礁（南沙諸島にあるサンゴ礁。１９８８年の海戦で、中国がベトナムから奪った。２０１４年から人工島建設が開始されている。）

・ジョンソン南礁（南沙諸島にある岩礁。１９８８年の海戦で、中国がベトナムから奪った。２０１２年から埋め立てが開始された。）

・スビ（渚碧）礁（南沙諸島にある暗礁。１９８８年の海戦で、中国からベトナムが奪った。２０１２年、ドーム型レーダー施設が建設された。２０１４年から人工島建設がはじまった。３０００ｍ級の滑走路が完成している。）

南シナ海の他の国々は、中国と比べれば皆小国。

かなうわけがありません。

そこでベトナムと共にもっとも中国の脅威を感じているフィリピンは２０１３年、仲裁裁判所に提訴したのです。

〈フィリピンは２０１３年、中国の主張が国連海洋法条約（ＵＮＣＬＯＳ）に違反し、同条約で認められた200カイリの排他的経済水域（EEZ）に含まれる南シナ海で開発を行う自国の権利が制限されているとして、仲裁裁判所に提訴した。〉

（ロイター2016年7月12日付）

仲裁裁判所は、どんな判断を下したのでしょうか？

CNN.co.jp 2016年7月13日付から。

〈中国は、海南島の南方から東方にかけて、南シナ海の9割を囲い込む「九段線」という境界線を設定し、資源採掘や人工島造成を行う権利の根拠としている。仲裁裁はこの権利を認めない立場を示した。

仲裁裁はまた、中国が人工島から200カイリまでを排他的経済水域（EEZ）としてきた主張に対し、人工島はEEZ設定の根拠にはならないと判断した。

さらに、中国は人工島周辺で自然環境を破壊しているとの見方を示した。〉

中国の主張する、いわゆる「九段線」は、はっきりと否定された形です。

このように仲裁裁判所は、明確に中国の主張は「違法だ！」と判断しました。

仲裁裁判所の判断には、「拘束力がある」とされていますが、従わなかった時に制裁したり、執行させる仕組みがありません。

つまり、中国が従わなくても実質何も起こらない。

実際、中国は「従わない！」と宣言しました。

〈仲裁判断、中国外交に大打撃 習主席「一切受け入れない」
ＡＦＰ＝時事 ２０１６年7月13日 10：07分配信
【ＡＦＰ＝時事】オランダ・ハーグ（Hague）にある常設仲裁裁判所（ＰＣＡ）が南シナ海（South China Sea）をめぐる中国の主張には法的根拠がないとの判断を示したことについて、中国の習近平（Xi Jinping）国家主席は、一帯の島々は古来より中国の領土だとして、政府は今回の判断に基づくいかなる行動も受け入れないと述べた。
国営の新華社（Xinhua）通信が伝えた。〉

〈フィリピンの訴えを受けた裁判で仲裁裁が12日に下した判断は、天然資源も豊富な南シナ海の支配に野心を燃やす中国にとって外交的な大打撃となった。

中国政府は真っ向から拒絶しており、中国外務省は同日のうちに「判断は無効で何の拘束力もない」との声明を出した。

新華社によると、中国の在オランダ大使は「きょうはハーグにとって『ブラックチューズデー（黒い火曜日）』になった」と批判。

判断は「国際法を辱めた」とこき下ろした。〉

判断は「国際法を辱めた」そうです。
「悪いのは中国ではなく、仲裁裁判所だ」と。
習近平は国際法を完璧に無視したのです。

では、その後、フィリピンと中国の関係はどうなったのでしょうか？
常設仲裁裁判所がフィリピンの主張を受け入れたので、中国は引き下がったのでしょうか？

フィリピンの暴れん坊ドゥテルテ大統領は、**中国に「敗北宣言」**しています。

〈南シナ海問題、「中国を止められない」ドゥテルテ比大統領
ＡＦＰ＝時事　２０１７年3月19日 21：43配信
【ＡＦＰ＝時事】フィリピンのロドリゴ・ドゥテルテ（Rodrigo Duterte）大統領は19日、中国はあまりに強大であり、フィリピンや中国が領有権を争う南シナ海（South China Sea）のスカボロー礁（Scarborough Shoal）で中国が進めている構造物建設を止めることはできないと述べた。〉

常設仲裁裁判所は、フィリピンの主張を支持し、中国がしていることは、「違法」だとの判決をくだしました。

しかし、中国はその後も、フィリピンへの侵略を止めていません。

話が２０１７年まで進んでしまいました。

２０１５年5月に話を戻します。

ＡＩＩＢ事件に衝撃を受けたオバマは、いまさらながら「南シナ海埋め立て問題」を厳しく批判するようになった。

遅かったですが、やらないよりはマシですね。

そして、事態は急速に悪化し、当時は「米中軍事衝突」を危惧する声まで聴かれるようになりました。

〈米中激突なら1週間で米軍が制圧　中国艦隊は魚雷の餌食　緊迫の南シナ海

南シナ海の南沙（英語名スプラトリー）諸島周辺の領有権をめぐり、米中両国間で緊張が走っている。

軍事力を背景に覇権拡大を進める習近平国家主席率いる中国を牽制するべく、米国のオバマ政権が同海域への米軍派遣を示唆したが、中国側は対抗措置も辞さない構えで偶発的な**軍事衝突も排除できない状況だ。**〉（夕刊フジ２０１5年5月28日）

◉習近平訪米でわかった、米中関係の根本的変化

こうしてＡＩＩＢ事件後、米中関係は、急速に悪化していきました。

習近平が「アメリカの変化」を実感したのは、２０１５年９月に国連総会出席のために訪米した時のことです。

皆さん、覚えておられるでしょうか？

２０１３年６月に訪米した時、オバマは、習近平を大歓迎した。

そして、習はオバマに、「中国とアメリカ、二国で世界を支配しようぜ！」という意味のことをいった。

「世界は、中国とアメリカが牽引していく**Ｇ２時代**を迎えた。

これからは太平洋の東側、すなわちアメリカ大陸とヨーロッパは、アメリカが責任を持って管理する。

一方の太平洋の西側、すなわち**東アジアは、中国が責任を持って管理する**。

つまり**東アジアのことは、基本的に中国に任せてほしい**。

そのような『**新型の大国関係**』を築こうではないか！」

そして、オバマもこの発言を、否定しなかったのです。

ところが、2年後に来てみてどうでしょうか？

前回との違いは、歴然でした。

まず、アメリカメディアが習近平訪米を報じない。

この時期、一番報道されたのは、同時期に訪米したローマ法王フランシスコのこと。

その次は、「世界最大の民主主義国家」モディ首相のこと。


夕刊フジ2015年9月28日付より。


〈目立ったのは、**米国内の習氏への冷ややかな反応**だ。

米テレビは、22日から米国を訪問しているローマ法王フランシスコの話題で持ちきりとなっており、**習氏のニュースはかすんでいる**。

中国事情に詳しい評論家の宮崎正弘氏は「習氏にとって一番の期待外れは、**全く歓迎されなかったことだろう**」といい、続けた。

「ローマ法王はもちろん、米国を訪問中の**インドのモディ首相に対する熱烈歓迎はすごい**。習主席は23日にIT企業と会談したが、モディ首相もシリコンバレーを訪れ、7万人規模の集会を行う。

米国に冷たくあしらわれた習氏の失望感は強いだろう。

中国の国際社会での四面楚歌（そか）ぶりが顕著になった」〉

習とオバマは２０１５年9月24日、25日、ワシントンで会談しました。

オバマの態度は、２年前のように穏やかではありませんでした。

彼は、「南シナ海埋め立て問題」「サイバー攻撃問題」などで、習を批判しつづけたのです。

習近平は、「米中関係が根本的に変わった」ことに気がついたことでしょう。

◉トランプ・クーデター

米中関係が悪いまま、２０１６年11月、アメリカ大統領選挙が行われました。

皆さんご存知のように、勝利したのはトランプ。

トランプは、大統領選中から「反中国」で知られていました。


そして、大統領選に勝利した後も、しばらく反中の姿勢をつづけていた。

たとえば、２０１６年12月、彼は台湾の蔡英文総統と電話会談をしました。

日本人は、「それが何か？」と思いますが、大事件だったのです。


というのは、１９７９年に米中が国交を樹立した時、アメリカは、「台湾は中華人民共和国の一部」と認めた。

それで、アメリカ大統領は37年間、台湾総統と電話会談することがなかった。

中国は、即座に抗議しました。

するとﾞ、トランプはどんな反応をしたのか。

彼は2016年12月4日、

「中国は彼らの通貨を切り下げること（つまり米企業の競争を困難にすること）、中国向けの米製品に重税を課すこと（米国は中国製品に課税していないのに）、南シナ海（South China Sea）のど真ん中に巨大軍事施設を建設することなどに関して、われわれに了承を求めたか？そうは思わない！」

とツイートし、怯みませんでした。

2017年1月20日、トランプは大統領に就任。

彼は、オバマの外交政策を引き継いで、「反中政策をつづけていくだろう」と思われた。

しかし、同年4月に習近平に会うと、コロリと態度が変わり、世界を驚愕させたのです。

ウォール・ストリート・ジャーナル2017年4月13日付。

〈ドナルド・トランプ米大統領は12日、就任後に知己になったある国の首脳との関係について冗舌に語った。

「われわれの関係は非常に良い」。

トランプ氏はホワイトハウスの大統領執務室で行われたウォール・ストリート・ジャーナルとのインタビューでそう述べた。

「われわれの相性はすごくいい。互いに好意を持っている。**私は彼のことがとても好きだ。**彼の妻も素晴らしい」

これほど温かい言葉で評されているリーダーとは誰か。

中国の習近平国家主席だ。〉

「**私は彼のことがとても好きだ！**」

これには、ウォール・ストリート・ジャーナルの記者も仰天しました。

〈トランプ氏の口からこうした言葉が出てくると思っていた人はほとんどいないと言ってもいいだろう。

昨年の米大統領選挙中、中国はどの国よりもトランプ氏による「口撃」の標的だった。

いわく、世界経済の枠組みの中で公正に取引していない、自分たちが有利になるよう米国を利用している、米国の仕事を盗んでいる、周辺諸国をどう喝している——。〉（同前）

記事の筆者は、トランプが大統領になる前と後で、「最重要人物」がかわったことを指摘します。

〈その一方で当然のことながら、大国の指導者の中ではロシアのウラジーミル・プーチン大統領がトランプ氏のお気に入りの人物になり、緊密な関係を築いて過去の罪を許されるはずだった。〉（同前）

〈ところがどういうわけか、トランプ氏が選挙で勝利した後のこの5カ月ほどの間に、ほとんど正反対のことが起こった。

今や**トランプ氏と習氏の関係が世界で最も重要**なものとなりつつあるかのようだ。〉（同前）

トランプは、今も昔も、親プーチンです。

（しかし、議会の反対で、なかなかロシアと仲良くできない状況がつづいている。）

ところが、習近平は、トランプと一回会っただけで、「最重要人物」になることに成功したのです。

皆さん、「クリントン・クーデター」のことを覚えておられますか？

これは、ピルズベリーさんが書いているのですが。

私は、2017年4月に起こったことを、「トランプ・クーデター」と呼んでいます。

この件、「習近平の笑顔が、くまのプーさんのように素敵だったので、トランプが魅了され好きになってしまったのでは？」と思う人もいるでしょうか？

どうもそうではなく、「工作の結果」だったようなのです。

BBCニュース2017年2月27日付を見てみましょう。


〈中国政府は、トランプ大統領が過去の大統領のようには政権を運営しないということをすぐに理解した。

そして**家族の重要性**が目に留まった。

トランプ氏自身や政府高官が中国の主要人物と会談をするより以前、そして中国の新年である春節にトランプ氏が新年の挨拶を公開しなかったとして中国のネット界で不満が溢れるなか、駐米中国大使の崔天凱氏は、**トランプ大統領の娘イバンカさんに巧みに手を差し伸べた。**〉（太字筆者、以下同じ）

中国の工作員は、娘で大統領補佐官のイバンカさんに接近したのですね。

結果は。

〈ワシントンの中国大使館で行われた春節の祝宴にイバンカさんが出席した姿は広く報道され、イバンカさんは両政府の分断に橋を渡した。〉（同前）

さらに、中国は、イバンカさんの夫や、トランプのもう一人の娘にも接近します。

〈イバンカさんの夫、**ジャレッド・クシュナー氏**もまた、中国事業のパートナーを通じて中国政府につてを持っている。

さらに、**トランプ大統領のもう1人の娘ティファニーさん**は、ニューヨーク・ファッション・ウィークで中国人デザイナー、タオ・レイ・ウォン氏のショーをあえて最前列で鑑賞した。〉（同前）

さらに、中国実業界も、全力でトランプ懐柔に動きました。

アリババ創業者の馬雲（ジャック・マー）は２０１７年１月９日、トランプと会談。

「**アメリカに１００万人規模の雇用を創出する**」と約束した。

〈中国では民間企業にさえ共産党の末端組織が存在しており、国家の戦略的利益となると政府の命令に従うよう求められる。〉（同前）

〈ジャック・マー氏は任務を背負っており、政府の方針にも沿っていた。
ニューヨークのタイムズ・スクエアの屋外広告に、トランプ氏への春節の挨拶を掲載するため資金を提供した他の中国系企業100社も同様だった。〉（同前）

中国では、超富豪でも習近平に奉仕しなければならないのですね。

こうして、官民総動員で工作をした結果、トランプ・クーデターは起こったのです。

◉金正恩が、米中覇権戦争勃発を遅らせた

1回目の会談で習近平を「大好き」になってしまったトランプ。
「中国による工作が原因だろう」という話でした。
しかし、「現実的な理由」もあります。
なんでしょうか？
「北朝鮮核問題が盛り上がっていたこと」です。
皆さん覚えておられるでしょう。

2016年、2017年北朝鮮は、「狂ったように」核実験、ミサイル実験を繰り返していました。

具体的には、2016年1月、9月、2017年9月に核実験を実施した。

2017年8月、9月、11月にミサイル実験を行っています。

日本でも大騒ぎになりました。


トランプ新大統領は、この難問を解決しなければなりません。

そのためには、中国の協力を得るのがいい。


「中国が協力してくれれば、北朝鮮の核問題を解決できる」


というのは、誰でも思いつきます。

なぜなら、北朝鮮貿易の90％は、対中国だから。

習近平が望めば、中国は北朝鮮を崩壊させることもできる。

トランプが、「習が協力してくれれば、北に核を放棄させることもできる」と考えたのは、当然でした。

そして、彼は、トランプに協力を約束したのです。

しかし、その後の動きを見ると、習近平が金正恩に、核兵器を放棄するよう強く圧力をかけた形跡はありません。

むしろ習は、金が主張する「段階的非核化」をロシアと共に支持している。

（日本、アメリカは、「完全非核化」を主張している。）

それどころか、中国とロシアは、結託して北朝鮮を助けている。

一つ例を挙げてみましょう。

〈北ミサイル　ロシア、北朝鮮への石油製品輸出を倍増　実態はさらに巨額か

産経新聞　2017年8月20日 12：25配信

【モスクワ＝黒川信雄】ロシアが今年1～6月に、ガソリンやディーゼル燃料など石油製品の北朝鮮への輸出を前年比で倍増させていたことが露税関当局の資料から明らかになった。

北朝鮮の核・ミサイル開発への国際的な非難が高まるなか、同国を経済面で支えるロシアの姿勢が改めて鮮明になった。〉

ロシアは北朝鮮が暴走していた2017年1月～6月、この国への石油製品輸出を倍増させていた。

ロシア税関局によると、この時期輸出された石油製品は4304トン、金額にすると約2億6000万円相当。

増えてはいますが、「大した量ではないな」と思われるでしょう。

しかし、どうも実際は、もっと多いようなのです。

〈統計上の数字は「氷山の一角」に過ぎないとの指摘もある。

露極東連邦大のルキン准教授は産経新聞のインタビューに、ロシアが北朝鮮に主に輸出する石油製品はガソリンとディーゼル燃料で、それらの輸出量は年間20万～30万トンに達しているとと分析する。

ただ、多くは中国向けとして輸出され、最終的に北朝鮮に運びこまれるため、統計に反映されないのだという。〉（同前）

ルキン氏は、二つの重要な指摘をしています。

一つは、ロシアが北朝鮮に輸出している石油製品の量は、同国税関の記録よりも23～35倍多い。

もう一つは、ロシアは、中国経由で石油製品を輸出している。

つまり、**「中国とロシアは、結託して北朝鮮を守っている」**ことになる。

なぜ、中国とロシアは、北朝鮮を守るのでしょうか？

中国とロシアは、大国です。

しかし、両国とも「恐れている存在」が一つだけある。

そう、アメリカです。

では、北朝鮮の存在は、両国にとって何でしょうか？

答えは、「アメリカの侵略を防いでくれる**『緩衝国家』**」。

緩衝国家は、弱いより、強い方がいいですね。

だから、中ロは、表向き北の核保有に反対していますが、経済支援をこっそり行うことで金王朝を守っているのです。


「いや、そうはいっても、中ロとも、国連安保理で北朝鮮制裁を支持したではないか？」


と反論する人もいるでしょう。

既述のように、中ロは「表向き」、北の核保有に反対しています。

それは、いわゆる「NPT体制」を守るためなのです。

これは、何でしょうか？

「核拡散防止条約」（NPT）は、アメリカ、イギリス、フランス、**中国**、**ロシア**が核兵器を保有することは、「合法」としています。

一方で、その他の国々が核兵器を保有することは、「違法」。

ひどい「不平等条約」ですが、191か国が参加し、「世界秩序」になっている。

北朝鮮は、2003年にNPTを脱退し、2006年に核実験を成功させました。

条約に加盟していないので、それに拘束されることはないはずですが、「国際社会の脅威」だということで、国連制裁の対象になっています。

16年から17年にかけて、金の暴走があまりにもひどく、中ロも安保理で制裁に賛成せざるを得ない状況になりました。

しかし、その後の経過を見れば、中ロが金体制を守り、事実上「核兵器保有を容認している」ことは明らかです。

ですが、中ロは、決して「北は核を持っていい」とか、「仕方ない」とはいいません。

それが許されるなら、理論的にアメリカの同盟国日本や韓国が保有してもOKということになってしまう。

中ロは、それが嫌なので、誰かに聞かれたら、「北は非核化すべきだ！」と答えるのです。

しかし、本音と建前は違います。

何はともあれ、習近平は、北朝鮮問題でトランプをほとんど助けませんでした。

要するに、習はトランプにウソをついたのです。

2018年になると、年初から北朝鮮の動きが変わりました。

つまり、金が「緊張緩和」にむけて動き始めた。

1月1日、金は「韓国と対話する準備がある」と宣言。

1月9日、南北会談が再開された。

3月5日、金が訪朝した韓国特使団と会談。

これら一連の動きを見て、トランプは3月8日、「金正恩に会う!」と宣言しました。

4月27日、南北首脳会談が開催された。


そして、6月12日、トランプと金は、シンガポールで「歴史的」会談を行います。

この会談は、「具体的結果がない」と批判されました。

しかし、トランプは、この会談で制裁を解除しませんでした。

そして、金は会談後、核兵器実験もICBM実験もしていません。

つまり、この会談で、トランプは、北朝鮮情勢を「沈静化」させることに成功したのです。


ここまでの流れ、少し復習しておきましょう。

2015年3月、AIIB事件で、中国の脅威に気がついたオバマは、「中国打倒」を決意した。

2016年11月、反中トランプが大統領選で勝利。

2017年4月、中国の工作や北朝鮮問題などによって、米中和解。

しかし、習近平は、北朝鮮問題解決に努力することなく、トランプはだまされたことに気づく。

2018年6月12日、トランプは金と会談。

金は、以後核兵器実験、ICBM実験を停止。

トランプは、北朝鮮情勢「沈静化」に成功。

こうして、米中覇権戦争再開を妨げていた唯一のファクターが消えました。（非核化は実現していないので、「完全に消えた」とはいえませんが。）

そして、米朝首脳会談の４日後、つまり２０１８年６月16日アメリカは、中国から輸入される自動車、情報技術製品、ロボットなど１１０２品目に対し、５００億ドル規模の追加関税措置を行うと発表したのです。

中国も対抗し、「追加関税措置を行う」と発表しました。

同年７月６日、アメリカは、中国からの輸入品３４０億ドル分（８１８品目）の関税率を25％に引き上げました。

中国も報復として、同額の追加関税措置をとります。

８月23日、米中が関税措置第２弾（各１６０億ドル分、関税率25％）を発動。

９月24日、米国は関税措置第３弾を発動。

アメリカは、中国製品２０００億ドル分に10％の関税をかける。

中国は、アメリカ製品６００億ドル分に５～10％の関税をかける。

こうして、世界中で、「**米中貿易戦争がはじまった！**」と大騒ぎになりました。

しかし、はじまったのは「貿易戦争」ではなく、**「覇権戦争」**だったのです。

◉ペンス副大統領の宣戦布告

さて、アメリカは2017年7月に追加関税措置第1弾、8月に第2弾、9月に第3弾を発動した。

そして、同年10月、副大統領のペンスさんが、後世の歴史教科書で「中国に宣戦布告した」と書かれるであろう、「歴史的演説」を行いました。

長谷川幸洋先生は、「現代ビジネス」（2018年10月12日）で、ペンス演説の内容を、以下のように要約されています。

・中国は政治、経済、軍事的手段、プロパガンダを通じて米国に影響力を行使している。

・米国は中国に自由なアクセスを与え、世界貿易機関（WTO）に招き入れた。経済だけでなく政治的にも、中国が自由を尊重するようになると期待したからだ。だが、**期待は裏切られた。**

・中国政府はあらゆる手段を使って米国の知的財産を手に入れるよう指示している。安全保障に関わる機関が**「窃盗」の黒幕**だ。

・習近平国家主席はホワイトハウスで「南シナ海を軍事化する意図はない」と言った。だが、実際には人工島に対艦、対空ミサイルなどを配備している。

・最近も中国海軍の艦艇が米海軍のイージス艦に異常接近した。

・中国は国民を監視し、**反政府的人物は外を一歩、歩くのも難しい。**

・中国最大の「闇（underground）教会」は閉鎖され、**キリスト教徒や仏教徒、イスラム教徒が迫害されている。**

・中国はアジア、アフリカ、欧州、南米で**借金漬け外交**を展開している。負債が払えなくなったスリランカには、港を引き渡すよう圧力をかけた。中国の軍港になるだろう。

・米国は**台湾の民主主義を支持する。**

・中国は米国の企業や映画会社、大学、シンクタンク、学者、ジャーナリスト、地方や連邦政府当局者に圧力をかけたり、見返りの報酬を与えている。

・最近も、ある大企業を「米国の通商政策を批判しなければ、事業の許可を与えない」と脅した。

・米地方紙の「デモイン・レジスター」に中国政府のPR記事を挿入し、米国の通商政策を批判した。だが、米国民は騙されない。

・米国のジョイントベンチャーには、社内に「**共産党組織**」**を設置するよう要求**した。

・**ハリウッドには中国を好意的に描くよう、日常的に要求している。**

・中国は英語放送を通じて米国民に影響を与え、学会や大学にも資金提供を通じて圧力をかけている。メリーランド大学で学んだ中国人学生は卒業式で「自由な言論の新鮮さ」と語っただけで、共産党機関紙が彼女を非難し、中国の家族も嫌がらせを受けた。

・ハドソン研究所も中国政府が好まない講演者を招いただけでサイバー攻撃された。

・我々のメッセージは「**大統領は引き下がらない。米国民は惑わされない**」だ。

・トランプ政権は米国の利益と雇用、安全保障を守るために断固として行動する。

この演説を聞いた長谷川先生の結論は、「米副大統領の演説は、実は対中国への『**本気の宣戦布告**』だった」「ついに『**米中新冷戦**』**がはじまった**」でした。

私も完全に同感です。

◉日本は、「米中覇権戦争勃発」を知らないのでは？

さて、この戦争が、ただの「貿易戦争」ではない件について。

これまで何度も登場した、『China 2049』。

繰り返しになりますが、この本の著者マイケル・ピルズベリーは、ニクソン大統領、キッシンジャー大統領補佐官（後国務長官）と共に、1970年代初め、米中和解のために活躍した人です。

ハドソン研究所中国戦略センター所長、国防総省顧問。

外交問題評議会、国際戦略研究所メンバー。

そして、「アメリカの諜報員だった」ことも告白している。

彼は、長年「パンダハガー」（親中派）として知られていましたが、この本で180度反中に転向しています。

この本の推薦の言葉は、ウールジー元ＣＩＡ長官が書いています。

〈本書が明かす中国の真の姿は、孫子の教えを守って如才なく野心を隠し、アメリカのアキレス腱を射抜く最善の方法を探しつづける極めて聡明な敵だ。

我々は**早急に強い行動をとらなければならない。**〉

『China 2049』、アメリカでは、『THE HUNDRED YEAR MARATHON』（１００年マラソン）という題で、ＡＩＩＢ事件が起こった前月、２０１５年2月に出版されています。

つまり、アメリカのシンクタンク、諜報、国防総省などは、２０１５年には「臨戦態勢」になっていたのです。

現在国家通商会議議長を務めるピーター・ナヴァロさんの著書『米中もし戦わば』は、２０１５年11月にアメリカで発売されています。

この本の1章で、ナヴァロは「既成の大国と台頭する新興国が戦争に至る確率は七十％以上」とし、**「米中戦争が起きる確率」**は、**「非常に高い」**と結論づけています。

さらに、かつては「アメリカから中国への覇権移行を望んでいる」かのような発言を繰り返していたジョージ・ソロス。

彼は２０１９年1月24日、ダボス会議で以下のような発言をして、世界に衝撃を与えました。

〈「中国は、世界で唯一の独裁政権ではない。だが間違いなく、最も経済的に豊かで、最も強く、機械学習や人工知能が最も発展した国だ。これが開かれた社会というコンセプトを信じる人々にとって、**習近平を最も危険な敵にしている**」〉（BUSSINESS INSIDER JAPAN ２０１９年1月28日）

「**習近平は、最も危険な敵**」だそうです。

「国際金融資本」ソロスは、完全に転向しました。

前書きでも書きましたが、日本国民も日本政府も、現在起こっている「米中戦争」を軽く考えすぎです。

戦前の首相、平沼騏一郎は１９３９年８月28日、「欧州の天地は複雑怪奇！」と声明し、辞任しました。

彼は、予想外の「独ソ不可侵条約」に驚いて、辞職を決意したのです。

ちなみに、これは、第二次大戦がはじまる４日前の発言です。

日本の総理は、大戦がはじまる４日前に、「欧州で何が起こってるか、全然わかんねえよ！」と告白しているのです。

総理がそんなですから、日本が戦争に負けたのも当然といえるでしょう。

しかし、私たちも、「昔はひどかったな」と苦笑することはできません。

ひょっとしたら、いえ、かなりの確率で、**今の政治家さんたちも、世界で何が起こっているのか理解していない**のですから……。

第二章

米中覇権戦争の結末

◉最悪のスローガン、「アメリカファースト」

この章では、米中覇権戦争の結末を予想します。

まず、アメリカの弱点について触れておきましょう。

アメリカ最大の弱点は、トランプ大統領自身です。

なぜでしょうか?

第1に、**「アメリカファースト」というスローガンがまずい。**

このスローガンについて、「いや、彼は『当たり前のこと』をいっているに過ぎない。すべての国は国益を追求しているのだから」と擁護する人たちがいます。

私も、過去本の中で、「すべての国は、国益を追求している」と書いてきました。

しかし、「アメリカファースト」というスローガンは、本当に「当たり前」なのでしょうか?

考えてみてください。

あなたの前に、「私の哲学は、**『自分ファースト』**です。**常に自分の利益を最優先させます。**よろしく！」という人が現れたら、どうですか？

「いや〜、さわやかな人だ。是非親友になりたい！」と考える人は、一人もいないでしょう。

普通は、「つきあうと利用されそうだから、なるべく関わらないようにしよう」と思うでしょう。


会社ならどうでしょうか？

「わが社のモットーは、**『わが社ファースト』**です。**常にわが社の利益を第一に考えます！**」


社長さんが、こう宣言している。

あなたは、この会社を「応援したい！」「たくさん買いたい！」と思うでしょうか？

普通思わないですね。

「利益第一主義なのだから、きっとボラれるはずだ」と考え、「他の会社で買おう」となるでしょう。


国はどうでしょうか？

「わが国の利益を第一に考える」は、「他国とＷｉｎ－ｗｉｎの関係を築きます」というのとは違います。

普通に考えれば、**「アメリカWin　他国Lose」**を目指すということでしょう。

アメリカは、「100年に1度の大不況」後も、「AIIB事件」後も、いまだに世界最強国家です。

いまのところ、経済力（GDP）も軍事費も世界一である。

だから、つきあわざるを得ないのですが。

「自国ファースト！」なんて宣言している国と、普通はつきあいたくないはずです。

これ、個人の場合と同じですね。

「つきあうと、利用されて、損するのではないか」と他国は考えるでしょう。

「自己中心的な人」「エゴイスト」は、この社会で存在する場所がありません。

こんなことは、**小学生でも知っていること**ですが、アメリカの大統領が「アメリカファースト！」というと、「かっこいい！真似しよう！」と思う人がうじゃうじゃ出てくる。

困ったものです。

◉「有言実行」トランプが、世界秩序を破壊する

第2に、トランプ大統領が、「有言実行」であること。

「有言実行」

これは、普通「すばらしい資質」としてあげられます。
しかし、「いつでもすばらしい」とは限りません。
誰かが、「私は収入の10％を必ず寄付します」と宣言し、実行した。（有言実行）
これは、間違いなくいいことです。

では、別のケースを考えてみましょう。

誰かが「〇〇店の宝石を盗みます！」と宣言した。

宣言するだけでも問題です。

ですが、宣言だけして、実際に盗まなければ、それほど大きな罪にはならないでしょう。

しかし、「有言実行」で本当に盗んでしまったら、大きな罪になります。


そう、「有言実行」は、「常にいい」とは限らない。

有言実行がすばらしいのは、「言葉」自体がすばらしい時に限ります。


では、トランプの「言葉」はどうなのでしょうか？

これは、「よくないことがとても多い」といえる。

だから、いったことを実行されても、世のためにならないという結果になる。

もちろん、マクロに見てアメリカのためにもならず、「敵を増やす」結果になります。

「悪い有言実行」の例をあげてみましょう。

・パリ協定からの離脱（２０１７年６月１日）

パリ協定とは、気候変動対策の国際的枠組みです。

この協定から離脱したことで、トランプは世界中から非難されることになりました。

ちなみに、「パリ協定にとどまるべきだ」と主張するアメリカ企業も多かったのです。

グーグルやアップルなどＩＴ系企業だけでなく、石油大手エクソン・モービルも「協定にとどまるべき」という意見でした。

・エルサレムをイスラエルの首都と認定（２０１７年12月６日）

この決定を支持する国は、多くありません。

パレスチナ人は、東イスラエルを首都とする考えで、トランプの決定に反対しています。

２０１７年12月21日、国連総会で、「エルサレムの地位に関するいかなる決定も無効で撤回すべき」という決議案（トルコとイエメンによる）が出されました。

この時、賛成（つまりエルサレムをイスラエルの首都とすべきでない）は、128か国。

フランス、ドイツ、イギリス、そしてなんと**日本**も含まれています。

反対（つまりエルサレムはイスラエルの首都である）は、たったの8か国。

アメリカ、イスラエル、グアテマラ、ホンジュラス、マーシャル諸島、ミクロネシア、ナウル、トーゴ。

アメリカとイスラエル以外は、小国ばかりでした。

トランプは、この決定により、全イスラムを敵に回してしまいました。

・イラン核合意からの離脱（2018年5月8日）

アメリカ以外の参加国、イギリス、フランス、ドイツ、ロシア、中国、イランは、核合意を維持する方針。

その理由は、国際原子力機関（IAEA）が「イランは核合意を順守している」と発表していたためです。

アメリカは孤立し、イギリス、フランス、ドイツ、ロシア、中国が反米で一体化するというマヌケな結果になりました。

（イランについては、後述します。）

こうして、「有言実行」トランプは、いったことを実行することで、どんどん敵を増やしているのです。

◉戦略的でないトランプ

「アメリカ最大の弱点は、トランプ大統領自身」である、第3の理由は、

「トランプが、まったく戦略的でないこと」です。

戦略とはなんでしょうか？

「戦争に勝つ方法」のことです。

戦争に勝つ方法は、いろいろあります。

いろいろありますが、主な方法は二つです。

一つは、「内的バランシング」です。

これは、わかりやすい言葉で「軍備増強」のこと。

あなたに、敵がいたとします。

あなたは、筋トレをして、空手道場に通い、勝てるパワーを身につけていく。

これが、「内的バランシング」です。


もう一つは、「外的バランシング」です。

これは、「同盟関係を増強すること」です。


「同盟関係を増強する」といいますが、同盟関係になるのは、「昔から仲良しの国々」とは限りません。

たとえば、アメリカ、イギリスとソ連は、第二次大戦前「犬猿の仲」でした。

しかし、大戦時は、一体化してナチスドイツと戦いました。

第二次大戦が終わると、アメリカは、かつての敵ドイツ（西ドイツ）、日本と組んでソ連と対峙しました。


そう「外的バランシング」（同盟関係増強）とは、「今仲のいい国との関係を強化する」だけにとどまらない。

勝つために、「嫌いな国」「かつての敵」とも同盟関係を組む。

オバマは、どうだったのでしょうか？
既述のように「ＡＩＩＢ事件」前は、フラフラしていました。
主敵が定まらず、戦略もなかった。
それで、主敵が、シリア・アサド政権、プーチン、ＩＳとコロコロ変わっていた。
しかし、「ＡＩＩＢ事件」後は、一転「天才戦略家」に生まれ変わった。

彼は、大嫌いなロシアと和解し、ウクライナ、シリア、イラン問題を沈静化させ、中国に戦いを挑んだのです。

ところが、トランプはどうでしょうか？
彼は、中国と「覇権戦争」をはじめた。

もし彼が、オバマ後期のように「戦略的」な大統領であれば、どう動くでしょうか？
日本や欧州との貿易戦争をやめるでしょう。
ロシアとは、和解するでしょう。
イラン核合意から離脱しないでしょう。

ところが実際の彼は、日本や欧州に貿易戦争を仕掛け、イラン核合意から一方的に離脱し、ロシアとは和解できない状態がつづいているのです。

私が**「アメリカ最大の弱点は、トランプ大統領自身」**という理由、ご理解いただけたでしょう。三つあげました。

◉トランプ、最悪のイラン政策

トランプの政策について、もう少し触れておきましょう。

トランプは、中国と覇権戦争をはじめた。

その一方で、イランとも戦っています。

ブッシュ（子）は、大うそをついてはじめたイラク戦争で、アメリカの没落を早めました。

今、トランプがイランに対してやっていることは、それに匹敵するほど「お粗末」なことです。

いきなりこう断言されてもわけがわかりませんね。

順番にお話ししていきましょう。

すべての人が知っているように、アメリカがイランを攻撃する理由は、この国が「核兵器を開発しているから」です。

アメリカは、いつからこの主張をしているのでしょうか？

２００２年ごろです。

思い出していただきたいのですが、２００３年にイラク戦争がはじまっています。

つまり、２００２年、アメリカは、イラクとイランの２か国をバッシングしていた。

イラクを叩く理由は、「大量破壊兵器を保有している」「アルカイダを支援している」から。

この二つが「大うそ」だったこと、第一章で触れました。

イランは、「核兵器開発をしている」から。

イランについては、皆さんに二つの事実を知っておいていただきたいと思います。

まず、イランは、今まで一度も「核兵器保有を目指す」と宣言したことはありません。

もう一つは、アメリカも国際原子力機関（ＩＡＥＡ）も、過去に「イランは核兵器保有を目指していない」と認めていた。

まず、こちらからご覧ください。

〈〈イラン核〉米が機密報告の一部公表「脅威」を下方修正

【ワシントン笠原敏彦】マコネル米国家情報長官は3日、イラン核開発に関する最新の機密報告書「国家情報評価」（NIE）の一部を公表し、**イランが03年秋に核兵器開発計画を停止させたとの分析結果を明らかにした。**〉（毎日新聞2007年12月4日）

NIEは、「**イランは2003年秋に核兵器開発計画を停止させた**」と分析していた。

これは、確かに「12年も前の古い情報」ではありあります。

しかし、アメリカがイランバッシングをはじめて「5年も経っている」ことにも注目でしょう。

次に、IAEAのトップ、日本人・天野之弥《あまのゆきや》氏は、2009年12月就任直前になんと言っていたか？

〈**イランが核開発目指している証拠ない**＝IAEA次期事務局長

【ウィーン3日ロイター】国際原子力機関（IAEA）の天野之弥（ゆきや）次期事務局長は3日、**イランが核兵器開発能力の取得を目指していることを示す確固たる証拠はみられないと**の見解を示した。

ロイターに対して述べた。

天野氏は、イランが核兵器開発能力を持とうとしていると確信しているかとの問いに対し「**IAEAの公的文書にはいかなる証拠もみられない**」と答えた。〉（ロイター2009年7月4日）

２００９年半ば時点で、ＩＡＥＡの次期トップが「**イランは核兵器開発を目指していない**」と断言していた。

これは、10年前の話。

しかし、アメリカがイランをバッシングしはじめて7年後だという点、留意する必要があるでしょう。

要するに２００２年～２００９年までイランが「核兵器保有を目指していた」というのは、ウソだったわけです。

なぜ、アメリカは、そのようなウソをついたのでしょうか？

これは、「なぜアメリカは、イラクについてウソをついたのか？」の答えと同じなのでしょう。

一つは、「資源」です。

アメリカでは当時、「２０１６年に国内の石油は枯渇する」と予測されていた。

それで、資源の宝庫中東を押さえる必要があった。

ＦＲＢのグリーンスパン元議長が、「イラク戦争の動機は石油利権」と暴露した話、第一章でご紹介しました。

イランについても、同様なのでしょう。

ちなみに２０１７年時点で、イランの石油埋蔵量は世界4位、天然ガス埋蔵量は世界2位です。

第一章では触れていませんが、もう一つ考えられる理由は、「ドル基軸通貨体制」の防衛です。

イラクは２０００年11月、イラク産原油の決済通貨を、ドルからユーロにかえてしまった。

つまり彼は、「ドル体制」に穴を開けたのです。（それ以前、石油はドルでしか買えなかった。）

アメリカは２００３年、イラクを攻撃。

そして、イラク産原油の決済通貨をユーロからドルに戻しました。


２００６年４月17日付毎日新聞。

〈ただイラクの旧**フセイン政権は00年11月に石油取引をドルからユーロに転換した。**国連の人道支援「石油と食料の交換」計画もユーロで実施された。**米国は03年のイラク戦争後、石油取引をドルに戻した経過がある**〉

イランも、イラク同様、ドル以外の通貨で石油輸出をはじめていました。

それで、アメリカの標的になった可能性があります。


では、ブッシュ（子）政権以降は、どうなったのでしょうか？

オバマが２００９年に大統領になると、イランバッシングはほとんどなくなりました。

なぜでしょうか？

理由は、二つあります。

一つは、「100年に1度の大不況」で、オバマが非常に忙しかったこと。

イランバッシングをしている時間がない。


二つ目の理由は、「シェール革命」が起こったことです。

これは、本当の革命でした。

ブッシュの時代、アメリカは、自国石油の枯渇を恐れていた。

しかし、「シェール革命」で、もはや埋蔵量の心配をする必要がなくなった。

それだけでなく、アメリカはいまや、世界一の産油国、産ガス国になった。

だから、イランの石油利権の価値が下がったのです。


結局、オバマ時代、アメリカとイランの対立は、ブッシュ時代ほど激化しませんでした。

唯一の問題は、イランがロシアと組んで、シリアの反米大統領アサドを支援していること。

しかし、オバマは、シェール革命の進展と共に中東への関心を失っていきました。


そして、2015年3月、「AIIB事件」が起こった。

オバマは、「中国打倒」を決意した。

それで、ロシアとプチ和解し、ウクライナ問題、シリア問題を沈静化させた。

イランについては、アメリカ、ロシア、イラン、イギリス、フランス、ドイツ、中国で、20

15年7月、「イラン合意」を成立させた。
内容は、

・低濃縮ウランの保有量を300キロに制限
・プルトニウム生産に適した重水炉で使う重水の保有量を130トンに制限
・ウラン濃縮率の上限を3・67%に制限
・兵器級プルトニウムを生産しないようアラク重水炉の設計変更
・遠心分離機を約1万9000基から6104基へ大幅削減

断言しますが、これは、すばらしい合意でした。
なぜか？

この合意によって、イランは核兵器を開発できなくなります。
北朝鮮はIAEAの査察を決して受け入れません。
しかし、イランはIAEAの査察を受け入れている。
だから、イランがこっそり核兵器を開発することは不可能です。
イランにもメリットがありました。
この合意によって制裁が解除され、イランは原油輸出を許されることになった。

イラン経済は、潤いはじめました。


つまり、この合意で、「イランが核兵器開発できない状況」を作り上げた。

国際社会は、「安全」を手にした。

一方、イランは、原油輸出再開で「お金儲け」ができるようになった。

まさにＷｉｎ Ｗｉｎのディールです。


ところが、２０１７年に大統領になったトランプは**２０１８年５月、イラン核合意から一方的に離脱しました。**

なぜ彼は、バカげた決断を下したのでしょうか？


その理由は、ブッシュ（子）時代とは違うはずです。

シェール革命で世界一の産油国、産ガス国になったアメリカが、「資源目的」でイランを攻撃したいはずはありません。


考えられる理由は、彼とイスラエル（ユダヤ）との関係です。

イスラエルにとって、イランは最大の脅威。

そして、イスラエルのネタニヤフ首相とトランプは親友なのです。

また、よく知られた事実として、トランプの娘イヴァンカさんの夫クシュナーさんはユダヤ人。

イヴァンカさんは、結婚するにあたってユダヤ教に改宗しました。
ユダヤの決まりでは、「ユダヤ教徒＝ユダヤ人」である。
つまり、イヴァンカさんはユダヤ人。
そして、トランプの孫もユダヤ人です。

おそらく、トランプは、イスラエルの要請で、イランバッシングをしているのでしょう。

哀れなのはイランです。
この国は、アメリカが一方的に離脱した後も、律儀に合意を守ってきました。
こちらを熟読してください。（日付にも注目。）

〈イランは「核合意を順守」、IAEAが報告書
日経新聞　2019年2月23日 4：23
【ジュネーブ＝細川倫太郎】国際原子力機関（IAEA）は22日、イランが米欧など6カ国と結んだ**核合意を引き続き「順守している」**との報告書をまとめた。
米国はイランに対する経済制裁を強めているが、イランは合意維持を支持する欧州各国と連携し、米国に対抗する姿勢を見せている。
IAEAは2015年のイラン核合意に基づき年4回の理事会ごとに報告書を作成し、関係国に配布している。

今回の報告書でもこれまでと同じく濃縮ウランや重水の貯蔵量について、核合意で定めた制限値を下回っていると指摘した。〉

ところが、アメリカは、容赦なくイラン制裁を復活させた。

そして、イランが、最大の収入源である石油輸出をできないようにした。


〈米がイラン**原油全面禁輸**へ　日本などへの制裁除外は延長せず
BBC NEWS JAPAN ２０１９年４月23日
ドナルド・トランプ米大統領は、イラン産の原油輸入を禁止する経済制裁について、現在日本などに認めている制裁の適応除外を５月に打ち切ることを決定した。

トランプ政権は、２０１５年のイラン核合意から米国が昨年５月に離脱したことを受け、同年11月５日からイラン産原油の輸入を禁止する経済制裁を再発動させた。

一方で、イランから石油を輸入し続ける国は制裁から除外していた。

ホワイトハウスは22日、中国、インド、日本、韓国、トルコに認めてきた適応除外の措置を５月に打ち切ると発表。

これらの国は、アメリカの制裁措置に直面する可能性がある。

今回の決定には、**イラン政府の主な収入源であるイラン産原油の輸出をゼロにし、財源を奪う狙いがある。**〉

制裁によって、イラン経済が厳しくなってきました。

〈原油販売が半分に落ち込み、逼迫するイラン経済

ニッポン放送　2019年7月14日

（須田慎一郎）なぜ、そこまでイランが強行策に打って出たかと言うと、一部の新聞報道にありますが、**イラン経済が非常に逼迫しています。**

私が調べたところでは現在、イランの1日の**原油販売量が100万バレル程度です。これはピーク時の半分**にまで落ち込んでいて、いまイラン国内は**30％を超えるインフレ率**になっており、かなり国民生活が圧迫されている。

いちばん問題なのが、イランという国は原油を売って、それを国庫に入れて財政出動をするというスタイルを取っているのですが、**政府収入が6割も減っている**のですよ。

ですから、国が予算を執行することが6割程度できなくなっている状況です。国民経済が大きくマイナスの影響を受けて、我慢の限界を超えて来ている。〉

イランは2019年7月、ついに「イラン核合意」を破り始めました。

そのことで、非難されています。

しかし、これまで起こったことを丁寧に追ってみれば、どう考えても「イランだけが悪い」とはいえないでしょう。

私がいいたいのは別のことです。
トランプは、**「米中覇権戦争」を戦いながら、同時にイランとも戦っている。**

これは、**彼が戦略的でない人である証拠**なのです。

イラク戦争は、アメリカの没落を加速させました。
イラン戦争が起これば、アメリカの没落は、さらに加速することでしょう。

◉中国最大の弱点、習近平

では、戦略的でないトランプと対決することになった習近平は、リーダーとしてどうなのでしょうか？

こちらも、あまり「戦略的なリーダー」とはいえないようです。
なぜでしょうか？

一つは、彼が、**「独裁者道」を驀進していること。**

二つ目は、彼が**「アメリカから覇権を奪おうとしている」と解釈される言動を繰り返している**

こと。

中国の戦略は、１９７０年代からほぼ一貫していました。
ポイントは**「アメリカと良好な関係を築くこと」**です。

なぜでしょうか？

一つ目は、安全保障上の理由です。
アメリカと良好な関係を築けば、中国は二つの大きな脅威を無力化することができます。

脅威１は、ソ連。
脅威２は、アメリカ自身です。

この戦略は、見事に成功しました。

二つ目は、経済的理由です。
中国は、第一章でも触れたように、アメリカから資金と技術を、ほとんど無尽蔵に受け取ることができる。

1980年代に入ると、中国は、急成長するようになりました。

そして、中国の態度は、一貫して「中国は発展途上国で弱い存在です。助けてください！」というものだった。

鄧小平が一度だけ本性を現したのは、1989年の「天安門事件」の時です。

それ以外は、極力関係が悪化しないよう努力してきた。

この路線は、江沢民、胡錦濤にも継承されました。

いわゆる**「平和的台頭」**です。

中国の戦略、最大のポイントは、**「他国、特にアメリカに警戒されるような振る舞いをしないこと」**です。

別のいいかたをすれば、**「常に謙虚にふるまうこと」**。

第一章でも触れましたが、戦略家ルトワックは、2009年までの中国の戦略を大絶賛しています。

〈この当時の中国は、**どの国にとっても恐ろしい存在ではなかった**し、国際秩序に対しても

脅威になってはいなかった。領海や国連海洋法条約、それに国際的な金融取り決めなど、私的・公的を問わず、中国は実に多くの面で国際法を守っていたからだ。〉（『中国《チャイナ》4・0』18p）

〈他国は中国の台頭をただ傍観したまま、それに対して警戒的な反応を示すことは全くなかったからである。ロシアもアメリカも、さらには日本でさえも、中国の台頭に対抗するためにそれほど軍備増強をしたわけではない。〉（同前　21p）

国際法を無視してイラクを攻撃するアメリカ。

誰の脅威にもなっていない中国。

それで、超富豪ジョージ・ソロスは、「中国に覇権が移ってもいいな～」と思いはじめた。

〈アメリカから中国への、パワーと影響力の本当に驚くべき、急速な遷移があり、それはちょうど第二次世界大戦後の英国の衰退とアメリカへの覇権の移行に喩えられる〉（「フォーリン・ポリシー」2010年11月16日）

〈今日、中国は活発な経済のみならず、実際に、アメリカよりもより機能的な政府を持っている」という議論を呼ぶであろう〉（同前）

このように、中国はかなり上手に世渡りしてきたといえるでしょう。

繰り返しますが、戦略の最重要ポイントは、**「他国、特にアメリカから警戒されないこと」**です。

警戒されたらどうなりますか？

アメリカは、**覇権を守るために、対抗措置を打ち出してくる**ことでしょう。

そして、**今それが起こっている。**

なぜ、そんなことになったのか？

最大の原因は、**習近平の言動です。**

２０１２年11月29日、習はこんな発言をしました。

「誰しも理想や追い求めるもの、そして自らの夢がある。

現在みなが中国の夢について語っている。

私は**中華民族の偉大な復興の実現が、近代以降の中華民族の最も偉大な夢だと思う。**

この夢には数世代の中国人の宿願が凝集され、中華民族と中国人民全体の利益が具体的に現れており、中華民族一人ひとりが共通して待ち望んでいる。」

いわゆる**「中国の夢」**。

実をいうと、習近平の「中国の夢」には、「ネタ元」がある。

2010年、同名の本「中国の夢」が、中国でベストセラーになった。
著者は、中国人民解放軍大校、国防大学の劉明福教授。
この本には、何が書いてあるのでしょうか?
加藤嘉一氏（「ダイヤモンドオンライン」2013年7月16日付）の解説を引用してみましょう。

〈「**世界ナンバーワンの強国になることが21世紀における中国最大の目標だ**」

「21世紀の中国は、仮に世界ナンバーワンの強国になれなければ、必然的に遅れた、淘汰される国家となってしまうだろう」

「世界ナンバーワンを争う競争はゼロサムであり、誰が世界の衝突を主宰するかという問題である。中国は自らを救うだけでなく、**世界をも救わなければならない**。我々には世界を引っ張る用意がなくてはならない」

「中国が台頭し世界ナンバーワンになれば、仮に中国の資本主義レベルがアメリカより成熟していたとしても、アメリカは中国を封じ込めようとするだろう」〉

アメリカにも中国の研究者はいます。（たとえば『China 2049』の著者ピルズベリー）

彼らは、習の発言のネタ元が、本「中国の夢」であることに、気づいたことでしょう。

そして、習のいう「中国の夢」の意味は、**「世界ナンバーワンの強国になること」**であると解釈したことでしょう。

つまり、別のいいかたをすれば、**「中国は、アメリカをナンバーワンの座から引きずり落とす！」「アメリカにとってかわって、世界の覇権国になる！」**と。

習がこの発言をした2012年11月、オバマ大統領は、まだボンヤリしていました。

しかし、アメリカ国内のエリートで、「何かとてもヤバイことが起きている」と気づいた人たちもいたのです。

◉アメリカを苛立たせる習の言動

その後の習近平の言動は、ことごとくアメリカを挑発するものでした。

たとえば、**「一帯一路」**はどうでしょうか？

習は2014年11月、北京で開かれていたAPEC首脳会議で、この構想を提唱しました。

「一帯」とは、中国、中央アジア、欧州を結ぶ「シルクロード経済ベルト」。

「一路」とは、中国、東南アジア、中東を結ぶ「海上シルクロード」。

この広大な地域のインフラを整備し、貿易を活性化させようという、巨大な構想です。

アメリカは、この構想が嫌い。

なぜでしょうか？

中国が、この広大な地域の「経済覇権」を握ってしまう可能性がある。

また「一路」ですが、実現すれば、中東と中国を結ぶシーレーン（海上交通路）を、中国がアメリカから奪ってしまうかもしれない。


「AIIB」（アジアインフラ投資銀行）は、どうでしょうか？

これは、中国を中心とする「国際金融機関」です。

主な役割は、「一帯一路」をファイナンスすること。

「2015年3月、『AIIB事件』が起こり、オバマが目覚めた」という話は、第一章でしました。

この時、参加国は57か国だった。

AIIB加盟国、現在では100か国まで増えています。

つまり、国連加盟国の半分以上がAIIBに入っている。

ちなみに、アメリカ、日本が主導する「アジア開発銀行」（ＡＤＢ）の加盟国は48か国。ＡＩＩＢの半分に満たない。

こんな現実も、落ち目の覇権国家アメリカを怒らせる原因なのです。

「中国製造2025」も、アメリカのエリートを刺激しています。

これは、なんでしょうか？

習近平が掲げる産業政策です。

２０１５年5月に発表されました。

要するに、「中国が最先端技術で世界ナンバー1になるための戦略」です。

たとえば、次世代情報技術（いわゆる「5G」）、ロボット、ＡＩ、航空・宇宙技術、ハイテク船舶、ハイテク鉄道、省エネ自動車、ナノテク、バイオ医薬、高性能医薬などなど。

中国の強さは、政府が「育てよう」と決めた分野に大金を投入し、「実際に育てることができる」ということ。

日本やアメリカのような普通の資本主義国では、なかなかできません。

もう一つアメリカをイラつかせる原因は、実際に中国が技術力でアメリカを超える可能性があることです。

たとえば、アメリカが熱心にバッシングしているファーウェイを見てください。

ファーウェイは現在、5G技術で他を圧倒しています。

それで、どんなにアメリカが「使うな！」と呼びかけても、東南アジア諸国、ロシア、東欧諸国などは無視してファーウェイ導入を決めている。

「このままでは、中国に技術覇権を奪われてしまう！」という焦りがアメリカにはあります。

「中国の夢」「一帯一路」「AIIB」「中国製造2025」

これらは、どれも、アメリカの支配者たちをイラつかせ、恐怖させ、「中国打倒」を決意させるものです。

「覇権を奪われる」という恐れが、中国叩きを加速させるのです。

このアメリカの動きは、必然なのでしょうか？

そうではないでしょう。

「戦略的でない男」習近平が、アメリカを挑発し、覇権戦争を起こす方向に向かわせてしまったのです。

◉習近平は「終身国家主席」を目指す

今まで、中国がアメリカを怒らせた四つの例を挙げてきました。

いずれも大きなできごとですが、２０１８年３月に起こったことと比べると、小さく感じます。

２０１８年３月に何が起こったのでしょうか？


中国で憲法が改定された。


それまで、国家主席の任期は、５年２期まで、つまりトータルで10年間までと定められていました。

２０１８年３月11日、憲法が改定され、この制限が撤廃されたのです。


どういうことでしょうか？

習近平が国家主席になったのは、２０１３年です。

これまでの憲法だと、彼が国家主席でいられるのは２０２３年まででした。

ところが、今回この制限が撤廃された。

つまり、習は、合法的に

「死ぬまで国家主席」でいることができるようになった。

そう、この憲法改定は事実上、習の**「終身国家主席を目指す宣言」**だったのです。

この憲法改定は、アメリカのエリートたちを大いに失望させました。

彼らはこれまで、なんやかんやいっても、「中国はいずれ民主化していく」と信じていた。

『China 2049』のピルズベリーは、告白します。

〈わたし自身、アメリカ政府で働く多くの人と同じく、中国が民主化するという話を何十年も聞き続けてきた。数えきれないほどの本や論文でその話を読んだ。そして、**それを信じていた。**いや、信じたかったのだ。〉（16p）

ペンス副大統領は、2018年10月の演説で、こう語っています。

〈ソビエト連邦の崩壊後、**我々は自由な中国が不可避であると確信した。**

21世紀の始まりの楽天主義に浮かれて、アメリカは我々の経済を北京に開放する事及び世界貿易機関に中国を組み入れる事を決定した。

これまでの政権がこの決定を下すにあたり、**中国における自由があらゆる方面において拡大するであろうという楽観があった。**

経済面のみならず政治面においても、古典的な自由主義の原則・私的所有権・個人の自由・信教の自由など、あらゆる人権を尊重するであろうと。だがその**希望は結局満たされなかった。**〉

習近平は、権力の座についた2012年から、その言動で「中国はいずれ民主化する神話」をぶち壊してきました。

そして、国家主席の任期制限撤廃で、この神話を「完全に葬り去った」といえるでしょう。

皆さん、考えてみてください。

小国の独裁者が、任期制限を撤廃して、死ぬまで独裁者でいつづける。

これは、しばしば起こっていることです。

たとえば、旧ソ連諸国を見てみましょう。

ベラルーシのルカシェンコ大統領は、1994年からなんと25年も大統領をしています。

同国の憲法は、もともと大統領の3選を禁じていました。

しかし、2004年に憲法を改定し、制限を撤廃。

彼は現在、なんと5期目を務めています。

中央アジア・トルクメニスタンの独裁者ニヤゾフは、1991年から2006年に亡くなるまで大統領でした。

後任のベルディムハメドフ大統領は2016年、憲法を改定。

大統領任期をこれまでの5年から7年に延長。

70歳以降は大統領選に立候補できないという条項も撤廃しました。

ベルディムハメドフは「終身大統領を目指している」といわれています。

中央アジア・タジキスタンのラフモン大統領は、１９９４年から25年大統領を務めています。

１９９９年と２００３年に憲法を改定し、任期を延ばしてきました。

彼も「終身大統領を目指している」といわれています。

中央アジア・カザフスタンのナザルバエフは、１９９１年から２０１９年まで、なんと28年も大統領を務めました。

その間、何度も憲法をいじり、２０１５年の選挙で５選を果たした。

誰もが「彼は、終身大統領だ」と考えていましたが、２０１９年に引退。

しかし、その後「国家指導者」という大統領の上に位置するような地位につき、国家安全保障会議の終身議長でもある。

「全然やめてないじゃん」ということですね。

思いつくままに４つ例を挙げました。

つまり、習近平がやったことは、他の国でも行われている。

これら小国の独裁者が、終身大統領でも、国際社会は困りません。

ベラルーシ、トルクメニスタン、タジキスタン、カザフスタンなどの大統領が「終身」を目指しても、自国民以外に迷惑はかからないのです。


しかし、これらの国々と中国では、わけが違います。

中国は、すでにGDPでも軍事費でも世界2位の超大国。

その国のトップが、毛沢東にあこがれて絶対独裁者を目指し、終身国家主席を目指している。

これは、自由と民主主義の守護神を自負するアメリカにとって「大いなる脅威」です。


かつて、似たような時代がありました。

冷戦時代、米ソ二極時代です。

ソ連は、アメリカとはまるで違う国だった。

この国は、一党独裁国であり、自由主義経済ではなく計画経済だった。

そして、私有財産がなく、すべての企業は国営だった。

それでも、経済力、軍事力で世界2位となり、アメリカを追い詰めた。


習近平の愚かな決断のせいで、中国はアメリカにとって**「ソ連と同じような脅威」**になってしまったのです。

今まで、ナイーブなアメリカは、「中国は、いずれ民主化、自由化する」と信じていた。

習近平は、その幻想を完全にぶち壊しました。

かつてレーガンは、ソ連を「悪の帝国」と呼んだ。
習のせいで中国は、アメリカにとって「**悪の帝国**」になったのです。

これは、習の大失敗でした。

◉米中覇権戦争の形態

「戦略的でない」トランプと「戦略的でない」習近平。

世界1、2位の国が、「覇権戦争」を開始しました。
この戦争の形態はどうなるのでしょうか?

大前提として知っておかなければならないこと。
それは、「米中は核大国である」ということです。
つまり、米中は、お互いの国を破壊しつくせるだけの核戦力を保持している。
それで、両国の軍隊が大きな戦闘をするような形での戦争は起こりにくい。

では、どういう形で戦争が起こる、あるいは起こっているのでしょうか?

別の形態で起こる。

たとえば、**情報戦**、**外交戦**、**経済戦**など。

情報戦は、敵国を「**悪魔化する**」目的で行われます。

敵国を「悪魔化する」ことで、世界的に孤立させる。

日本も、中国、韓国にやられっぱなしですね。

韓国は、「日本は、20万人の韓国人女性を強制連行し、性奴隷にした！」と１００万回繰り返している。

日本政府が即座に対応しなかったせいで、世界では「事実」として認識されてしまいました。

また中韓は、「靖国参拝＝軍国主義復活の証拠だ！」とプロパガンダした。

このイメージが世界にひろがってしまい、安倍総理が２０１３年12月に参拝した時、大バッシングされた。

中韓だけでなく、アメリカ、イギリス、ドイツ、ＥＵ、ロシア、オーストラリア、シンガポール、親日の台湾まで、これを非難したのです。

これも「情報戦」の効果です。

外交戦は、自国の仲間を増やし、敵国と同盟国の関係を裂き、敵国を孤立させる目的で行われます。

どの国も敵国を助けない状況を作り出す。

たとえば、1937年に日中戦争がはじまった時、中国は、アメリカ、イギリス、ソ連から支援を受けていました。

中国は、軍隊が弱かった分、外交戦を重視していたのです。

いくら日本軍が強くても、アメリカ、イギリス、ソ連、中国を同時に敵に回して勝てるはずがありません。


経済戦は、わかりやすいですね。

トランプがメインでやっているのは、これです。

経済戦、最近の例では、対ロシア制裁があげられるでしょう。

2014年3月、ロシアはクリミアを併合しました。

これに対しアメリカは、日本、欧州を巻き込んで対ロシア制裁網を作った。

この制裁（経済戦）のせいで、ロシア経済はボロボロになっています。

◉「情報戦」としてのウイグル問題

米中関係が良好であった時、中国の人権問題は、ほとんど問題視されませんでした。

アメリカ政府は、チベット問題、ウイグル問題などで中国を批判することは、ほとんどなかった。

これは、欧州も同じこと。

欧州は、「世界一人権にうるさい」ことになっていますが、中国の人権に関しては、ほとんど沈黙していました。

なぜ？

「チャイナ・マネーが欲しいから」でしょう。


「金か人権かどっちか選びやがれ！」

と世界の指導者たちに尋ねたら、

「もちろん金さ〜〜！」


と答える。

残念ながら、そういう現実があります。

国の指導者だけではありません。

１９９０年代、２０００年代、日欧米企業は、大挙して「人権侵害国家」中国に投資していました。

理由は、「賃金が安いから」「市場が巨大だから」。

2018年7月、「米中覇権戦争」がはじまりました。

すると、「中国は人権侵害国家だ！」という批判が、突然起こり始めた。

この批判は**事実であると同時に、「情報戦」の一環**なのです。

たとえば、国連は、「中国政府が、ウイグル人100万人を強制収容している！」と非難しています。

BBC 2018年9月11日を見てみましょう。

〈国連、中国政府がウイグル人100万人拘束と批判

BBC NEWS JAPAN 2018年9月11日

中国政府が新疆ウイグル自治区で**ウイグル人を約100万人、テロ取り締まりを「口実」に拘束している**と、国連は懸念を強めている。

国連人種差別撤廃委員会は8月末、最大**100万人のウイグル人住民が**刑事手続きのないまま、「再教育」を目的とした**強制収容所に入れられている**という指摘を報告した。

8月半ばにスイス・ジュネーブで開かれた同委員会の会合では、信頼できる報告をもとに中国政府が「ウイグル自治区を、大規模な収容キャンプのようにしてしまった」と委員たちが批

判。〉

どうですか、これ？

21世紀の今、世界第2位の経済大国で、ヒトラー時代のドイツや、スターリン時代のソ連と同じことが起きている。

本当に驚くべきことです。


なぜ中国政府は、こんな残酷なことをするのでしょうか？

ウイグル族は、イスラム教徒なのです。

中国は、共産主義をベースに建国された国。

そして、共産主義は**無神論**なのです。

その為、**中国人の約90%は、「無宗教」「無神論」**です。


ところが、新疆ウイグル自治区の約6割はイスラム教徒。

（残り4割は、ほとんど漢人で無神論。）

中国政府にとっては、「イスラム教徒」というだけで弾圧の理由になる。

ちなみにチベットは、「チベット仏教」を信じているので、これも弾圧の対象です。

さらに、ウイグルには「独立論者」もいる。

ウイグルの人たちは、長年ひどい境遇に置かれています。

たとえば、ウイグル自治区では、１９６４年以降46回もの核兵器実験が行われてきた。

こんなウイグル族に「追い風」が吹いてきました。

米中覇権戦争がはじまったので、アメリカやイギリスが、「情報戦争」にウイグルを使い始めた。

そして、アメリカやイギリスが動いたので、国連も他の国も動き始めました。

〈中国は「ウイグル族の拘束やめよ」　22カ国が共同書簡で非難

BBC NEWS JAPAN 7月11日 13：06配信

イギリスや日本など国連人権委員会加盟の22カ国は、中国・新疆（ウイグル自治区）におけるウイグル族の処遇について、中国政府を批判する共同書簡に署名した。

共同書簡はミチェル・バチェレ国連人権高等弁務官あてのもので、10日に公開された。「新疆のウイグル族などの少数派を特別に対象とした、大規模な収容所や監視、制限の拡大」に関する報告書を引用し、新疆の現状を非難している。

その上で中国政府に対し、国連や独立した国際組織の査察団へ、「新疆への実質的なアクセスを認める」よう強く促している。

国際人権組織ヒューマン・ライツ・ウォッチによると、署名した国は、イギリスと日本のほか、オーストラリア、オーストリア、ベルギー、カナダ、デンマーク、エストニア、フィンランド、フランス、ドイツ、アイスランド、アイルランド、ラトヴィア、リトアニア、ルクセンブルク、オランダ、ニュージーランド、ノルウェー、スペイン、スウェーデン、スイスの各

国。〉

2019年7月18日、ペンス副大統領は、「信教の自由に関する閣僚級会合」で演説しました。曰く、

〈ペンス副大統領は、新疆ウイグル自治区での状況について「**共産党は100万人以上のウイグル人を含むイスラム教徒を強制収容所に収容し、彼らは24時間絶え間ない洗脳に耐えている。生存者によれば、中国政府による意図的なウイグル文化とイスラムの信仰の根絶だ**」と述べた。〉（「ウェッジ」 2019年8月8日）

さらに、ポンペオ国務長官は、

〈ポンペオ国務長官は、「中国共産党は中国国民の生活と魂を支配しようとしている。中国政府はこの会合への他国の参加を妨害しようとして。それは中国の憲法に明記された信仰の自由の保障と整合するのか」、「**中国では、現代における最悪の人権危機の一つが起きている。これはまさしく今世紀の汚点である**」と述べた。〉（同前）

ウイグルの人々が解放される日が来ることを、心から望みます。

◉外交戦が下手なトランプ

外交戦は、自国の仲間を増やし、敵国と同盟国の関係を裂き、敵国を孤立させる目的で行われる。

どの国も敵国を助けない状況を作り出すという話でした。

トランプさん、外交戦はどうでしょうか？

これは、「**全然ダメ**」といえるでしょう。

なぜでしょうか？

既述のように、彼が「アメリカファースト」だからです。

そもそも彼は、**「仲間を増やす」とか「中国を孤立させる」という戦略の必要性を全然感じていない**ようなのです。

まず日米関係はどうでしょうか？

これは、安倍総理が、猛獣のようなトランプ大統領と仲良くすることで、なんとかうまくやっているといえるでしょう。

しかし、まったく油断できません。

トランプは、中国に対するのと同様、日本の対米貿易黒字を問題視しています。

日本にとってトランプ大統領は、「複雑な存在」です。

日本最大の脅威である中国に「覇権戦争」を挑んでいる。

これは、安全保障面では、「いいこと」かもしれません。

その一方で、日本に対しても「きつい要求」をしてくる。

経済面では、かなり「迷惑な存在」です。

アメリカと欧州の関係はどうでしょうか？

トランプは、アメリカ以外のＮＡＴＯ加盟国の軍事費が少なすぎると批判しています。

そして、なんと彼は、「軍事費をＧＤＰ比４％まで増やせ！」と要求している。

BBC NEWS JAPAN ２０１８年7月12日から。

〈ドナルド・トランプ米大統領は11日、北大西洋条約機構（ＮＡＴＯ）加盟国に対し防衛費支出を、目標の倍に当たる**対国内総生産（ＧＤＰ）比４％に引き上げるよう求めた**。

ホワイトハウスは、トランプ大統領がこの日ブリュッセルで開幕したＮＡＴＯ首脳会議でこ

の発言をしたことを認めている。〉

「GDP比で4％」といわれても、あまりイメージできないでしょう。

たとえば、日本の防衛費は、GDP比1％で約5兆円です。

GDP比4％となると、約20兆円になってしまう。

誰でも「絶対無理！」と思うでしょう。


実際、軍事費がGDP比4％の国は、ほとんどありません。

2017年のGDPと軍事費の割合を見てみましょう。


アメリカ3・1％、中国1・9％、インド2・5％、フランス2・3％、イギリス1・8％、日本0・9％、ドイツ1・2％。

4％を超えているのは、サウジアラビア10・3％、ロシア4・3％となっています。

トランプの要求がいかに無茶かご理解いただけるでしょう。


また、アメリカと欧州は、イラン問題でも分裂しています。

アメリカは、一方的にイラン核合意から離脱した。

しかし、イギリス、フランス、ドイツは、この合意を依然として支持しています。

さらに、イラン、ロシア、中国も支持している。

トランプが合意から離脱したことで、アメリカと覇権戦争をしている中国とロシア欧州が一体化するというマヌケな事態が起こっています。

トランプの同盟国日本、欧州に対する言動は、まったく賢明でなく、戦略的でもありません。彼は、中国と覇権戦争を開始しながら、同時に日本、欧州にもケンカを売っている。

本来であれば、日本、欧州とは貿易戦争などせずに、「一緒に中国の脅威と戦おうぜ！」と呼びかけるべきでした。

レーガンは、日本の中曽根首相、イギリスのサッチャー首相、西ドイツのコール首相などと強固な関係を築くことで、ソ連を崩壊させました。

現在、トランプと、日本、欧州の間には、信頼も友情もありません。
日欧の指導者が考えていることといえば、「どうやってトランプの要求をうまくかわせるか」といったこと。

トランプの「自分ファースト」「アメリカファースト」が、アメリカ自体を弱めているのです。

◉中国、外交戦の成果

では、中国の外交戦はどうなのでしょうか？

こちらは、「大いに成果が出ている」といえるでしょう。


中国最大の味方は、ロシアです。


どうしてそういうことになったのでしょうか？

日本では、「中国とロシアは仲が悪い」という説が流布されています。

しかし、私は2007年、『**中国ロシア同盟がアメリカを滅ぼす日**』（草思社）という本を出版し、中ロが「事実上の同盟国になった」ことを伝えてきました。


簡単に経緯を説明します。

2003年、フセイン政権を打倒したアメリカは、ロシアの石油利権に目をつけます。

具体的には、エクソン・モービルやシェブロン・テキサコが、当時ロシアの石油最大手だったユコスを買収しようとした。

これに危機感を持ったプーチンは2003年10月、検察に命令し、ユコスCEOのホドルコフスキーを脱税などの容疑で逮捕させた。

いわゆる「ユコス事件」です。

この事件後、ロシアが「自分の勢力圏」と考えている「旧ソ連諸国」で次々と革命が起こるようになってきました。

2003年11月、コーカサスの旧ソ連国グルジア（現ジョージア）で革命が起こった。（バラ革命）

2004年12月、ロシアと欧州の中間に位置する旧ソ連国ウクライナで、革命が起こった。（オレンジ革命）

2005年3月、中央アジアの旧ソ連国キルギスで、革命が起こった。（チューリップ革命）

プーチンは、この革命の背後に「アメリカがいる」と確信します。

彼は、「陰謀論者」「トンデモ系」なのでしょうか？

過去本で詳細に触れたので、ここではざっくり書きます。

「アメリカにやられた」というのは、革命で追放された大統領たちが語っているのです。

二つだけ例をあげておきましょう。

まず、グルジアの革命で失脚したシェワルナゼ大統領。
２００３年12月１日の時事通信。

〈グルジア政変の陰にソロス氏？＝シェワルナゼ前大統領が主張
【モスクワ1日時事】グルジアのシェワルナゼ前大統領は、一一月三〇日放映のロシア公共テレビの討論番組に参加し、**グルジアの政変が米国の著名な投資家、ジョージ・ソロス氏によって仕組まれたと名指しで非難した。**
ソロス氏は、旧ソ連諸国各地に民主化支援の財団を設置、シェワルナゼ前政権に対しても批判を繰り返していた。〉

次にキルギスの革命で失脚したアカエフ大統領。

〈「**政変では米国の機関が重要な役割を果たした。半年前から米国の主導で『チューリップ革命』が周到に準備されていた**」〉
（時事通信２００５年４月７日）

〈「**彼らは野党勢力を訓練・支援し、旧ユーゴスラビア、グルジア、ウクライナに続く革命を画策した**」〉（同前）

（これを読んでも「根拠が薄弱！」と思われる方もいるでしょう。そんな方は拙著、『プーチン最後の聖戦』［集英社インターナショナル］をご一読ください。より多くの証拠を掲載しています。）

プーチンは2005年、「このままではロシアでも革命が起こる」と恐怖しました。そこで彼は、中国と事実上の同盟関係を作ることを決断したのです。

中ロは2005年6月、41年つづいていた国境問題を解決しました。

（合意によると、極東ハバロフスク西方のアムール川とウスリー川の合流点に隣り合って位置する大ウスリー島とタラバロフ島は、大ウスリー島の東部をロシアが所有、同島西部とタラバロフ島を中国領と画定。

モンゴルと中国の国境に近いアルグン川にあるボリショイ島は中ロ双方に二分、3つの島を総面積でほぼ2分割する。）

そして、中ロは2005年8月、初めての合同軍事演習を実施。以後、頻繁に実施されています。

たとえば2019年も。

〈中露海軍合同演習で式典　山東省青島、**米けん制**
産経ニュース　2019年4月29日 18：22
中露海軍の合同演習「海上協力 2019」に参加するロシア側の艦艇が29日、山東省青島の港に到着し歓迎式典が開かれた。
2012年に始まった毎年恒例の演習で、中国は第三国に向けたものではないと主張するが、南シナ海問題などで対立する**米国をけん制する狙いがある。**〉

このように、ロシアは2005年、中国と「事実上の同盟関係」になる決断を下しました。

中国は2005年、アメリカと非常に良好な関係を保ちつつ、ロシアと「事実上の反米同盟関係」になるという、すごい外交をしていた。

当時、アメリカは、中国をまったく警戒していなかったため、この国の動きに鈍感だったのです。


2014年3月、ロシアはクリミアを併合しました。

アメリカは、日本、欧州を誘って対ロシア制裁を科した。

しかし、中国は、対ロ制裁に参加しなかっただけでなく、ロシアを一言も批判しなかった。

これで、中ロ関係は、ますます強固になりました。

米中ロの関係は、現代の「三国志」です
「リアリズムの神様」ミアシャイマー・シカゴ大学教授によると、現在世界には三つしか大国が存在しない。

アメリカ、中国、ロシア。


結局、この三大国の動きが、世界の趨勢を決めているのです。

たとえばアメリカは1970年代、ソ連に勝つために中国と組みました。

アメリカは現在、ロシアと組めば、中国に圧勝できます。

それで、ミアシャイマー教授も、世界一の戦略家ルトワックも「ロシアと組む」ことを奨励している。


ところが現実を見ると、アメリカはロシアに制裁を科している。

それで、ロシアは中国とひっついてしまった。

これは、アメリカから見ると、戦略的に非常にまずい状況といえるでしょう。

そして、中ロは2005年以降、上海協力機構（SCO）を「反米の砦」として育ててきました。

加盟国は当初、中ロと中央アジア4か国（カザフスタン、ウズベキスタン、キルギス、タジキスタン）だった。

ところが、2017年、インドとパキスタンが加盟国になり、SCOは侮れない勢力になりました。

さらに、オブザーバーは、モンゴル、イラン、ベラルーシ、アフガニスタン。

オブザーバーの前段階の「対話パートナー」は、スリランカ、トルコ、アゼルバイジャン、アルメニア、カンボジア、ネパール。

参加申請国は、バングラデシュ、モルディブ、イスラエル、エジプト、シリア、カタール、バーレーン。

まさに、「一大勢力」ですね。

既述のように、アメリカファーストのトランプは、外交戦によって同盟関係を増強することに、まったく関心がないようです。

一方、習近平は、SCOや一帯一路、AIIB、BRICSなどの枠組みを通して、味方をどんどん増やしています。

外交戦では、中国が「現状有利」といえるでしょう。

◉経済戦としての対中関税引き上げ

トランプは2018年7月から、対中関税の引き上げを次々と行ってきました。

アメリカは2018年7月6日、中国からの輸入品340億ドル分に25%の追加関税をかけた。

同年8月23日、160億ドル分に25%の関税をかけた。

同年9月24日、今度は2000億ドル分に10%の関税をかけた。

2019年5月10日、2000億ドル分の関税を10%から25%に引き上げました。

同年8月1日、トランプは中国からの輸入品3000億ドル分に10%の関税を課すと発表しました。

中国はどうなのでしょうか？

第1弾が発動された時は、アメリカからの輸入品340億ドルに25%の関税をかけた。

第2弾が発動された時は、アメリカ同様160億ドル分に25%の関税をかけた。

しかし、第3弾の時は、アメリカが2000億ドル分の中国製品に10%の関税をかけたのに対し、中国は600億ドル分のアメリカ製品に5～10%の関税を課すにとどまりました。

これは、なんでしょうか？

2017年の米中貿易額を見ると、アメリカの対中輸入は5050億ドル、中国の対米輸入は1539億ドル。

つまりアメリカは、5050億ドル分の中国製品に関税をかけることができるのに対し、中国は1539億ドル分のアメリカ製品にしか関税を課すことができない。

要するに、関税戦争で、中国の損失は、アメリカの3・28倍ということになります。

実際、関税戦争勃発後、中国経済はどんどん減速していきました。

〈中国国家統計局が同日発表した第2・四半期の国内総生産（GDP）は、前年比6・2%増に鈍化し、少なくとも1992年第1・四半期以来、**27年ぶりの低い伸び**となった。〉（ロイター2019年7月16日）

というわけで、「関税引き上げ」は、「米中覇権戦争」の観点から見ると、「かなり有効だ」ということができるでしょう。

一方で、米中関税戦争は、世界経済にも日本経済にも、相当な悪影響を与えています。

◉経済戦としてのファーウェイ叩き

「米中戦争」と聞いて、まず思い浮かぶのは、「関税引き上げ」でしょう。
次に思い浮かぶのは、おそらく「ファーウェイ叩き」ではないでしょうか？

ファーウェイは、１９８７年に設立された中国の通信機器会社。
世界１７０か国で製品、サービスを提供しています。
スマホのシェアは２０１８年、サムスン、アップルに次いで世界3位でした。

２０１８年12月1日、カナダのバンクーバーで、ファーウェイの最高財務責任者（ＣＦＯ）孟晩舟さんが逮捕されました。
彼女は、ファーウェイ創業者・任正非さんの娘ということで、大騒ぎになった。

なぜ彼女は、逮捕されたのでしょうか？

〈中国通信機器大手の華為技術（ファーウェイ）の孟晩舟・最高財務責任者（ＣＦＯ）が米国の要請でカナダで拘束されたことを巡り、ロイター通信は6日、米司法当局がファーウェイについて、**対イラン経済制裁を回避する金融取引に関与した疑い**で捜査していると報じた。〉

（毎日新聞12月7日）

ファーウェイがイランと取引をしたので、アメリカの要請で逮捕したと。

〈米当局は２０１６年から捜査に着手し、ファーウェイが英金融大手ＨＳＢＣホールディングスを介して違法な金融取引に関わったとみて調べているという。

米紙ウォール・ストリート・ジャーナル（電子版）によると、**ＨＳＢＣがファーウェイによるイランとの疑わしい取引の情報を米当局に報告した。**〉（同前）

ＨＳＢＣがアメリカ当局に**「ファーウェイがイランと取引していますよ」**と報告したそうです。

もちろん、ＨＳＢＣには送金記録など証拠が残っていることでしょう。

これは、逮捕の「直接的」理由ですが、もっと大きな理由もあります。

それが、いわゆる**「安全保障上」の理由。**

要するに、アメリカは、「ファーウェイが、情報を盗んでいる」と主張している。

〈ファーウェイの創始者で孟氏の父親の任正非氏は、**中国人民解放軍の元軍人だ。**

そして、ザーグマン氏が米シンクタンクのロウイー研究所に最近寄稿したように、「ファーウェイと人民解放軍の強固な関係は、今なお懸念される不透明な問題」だ。〉
（BBC NEWS JAPAN　２０１８年12月7日）

創業者任さんは、人民解放軍の元軍人。

ファーウェイと人民解放軍の関係は、いまも強固だそうです。

というか、中国のような国では、どんな大企業でも、政権と良好な関係を築かなければ潰されたり、乗っ取られたりするでしょう。

〈だからこそ米政府は、ファーウェイのような中国企業には用心すべしと各国に呼びかけているのだ。

中国の法律では、**民間企業も個人も、政府の要請があれば情報やデータを政府に提供しなくてはならない**かもしれない。

その可能性があるからこそ、ファーウェイとの取引には及び腰になるのだと米政府筋は言う。〉（同上）

中国政府が要求すれば、ファーウェイは、情報、データを提供しなければならない。

これも、そのとおりでしょう。

アメリカは2019年5月16日、ファーウェイを**「エンティティ・リスト」**に入れました。

「エンティティ・リスト」とは、なんでしょうか？

「大量破壊兵器拡散懸念顧客、米国の安全保障・外交政策上の利益に反する顧客リスト」です。

つまり、アメリカ政府は、**「ファーウェイは安全保障上の脅威だ」**と認定したことになる。

このリストに入ると、どうなるのでしょうか？

アメリカ企業から、部品を購入できなくなる。

ファーウェイは、アメリカ企業33社と取引があります。

インテル、マイクロソフト、アクセンチュア、CS&S、オラクル、シーゲイトブロードコム、コムボルト、マイクロン、レッドハット、ルーブリック等々。

近藤大介先生は、アメリカがファーウェイをエンティティ・リストに入れた理由について、こう書かれています。

〈アメリカの論理は、ファーウェイがどれほど世界に君臨する「巨竜」だろうが、「牙」（アメリカ製の半導体部品など）を抜いてしまえば、力尽きるというものだった。〉

（『ファーウェイと米中5G戦争』講談社・65p）

〈トランプ政権の措置は、こうしたファーウェイの世界170ヵ国にまたがるサプライチェーン（供給網）を崩壊させることを意図していた。〉（同前）

そして、近藤先生は、アメリカによるファーウェイ叩きの真因は、「情報が盗まれる」といったことよりも、もっと重大であると考えています。

〈（前略）**ファーウェイさえ滅べば、アメリカの21世紀の「ハイテク覇権」は安泰だというわけだ。**〉（同前）

これは、**「米中覇権戦争」の一環**であり、なおかつ「**ハイテク覇権戦争**」でもあるのですね。

この辺り、日本人にはピンとこないかもしれません。
しかし、ファーウェイは現在、「5G」の技術で、圧倒的に世界一です。
実際、ファーウェイは、世界に先駆けて、さまざまな国の5Gへの移行を助けています。
ここでは、二つの例を挙げておきましょう。

まずは、中国の事実上の同盟国ロシア。

〈ファーウェイが**ロシアで5G通信網開発へ**
AFP　2019年6月6日 11：22
米国から安全保障上の脅威と見なされている中国通信機器大手・華為技術（ファーウェイ、Huawei）は5日、ロシアで来年から**第5世代（5G）通信網を開発するとの**合意をロシア通信企業MTSと締結した。
習近平（Xi Jinping）中国国家主席とウラジーミル・プーチン（Vladimir Putin）ロシア大統領の会談に合わせ、調印が行われた。
MTSは、ファーウェイとの間で「**2019～2020年に5G技術の開発と第5世代通信網の試験的な立ち上げ」を行う**合意を結んだと発表した。〉

ロシアがファーウェイの5G通信網を使用すると、ロシアの「影響圏」にある「旧ソ連諸国」にも広がっていく可能性が高いです。

次は、欧州。

〈モナコ全土でファーウェイの**5Gネットワーク開設**、欧州初
7月11日 10：56配信
【7月11日 AFP】モナコは9日、**中国通信機器大手・華為技術**（ファーウェイ、**Huawei**）**の技術を基軸とした第5世代（5G）移動通信網を欧州で初めて全土に開設した。**

フランスの富豪グザビエ・ニエル（Xavier Niel）氏が所有するモナコテレコム（Monaco Telecom）は昨年9月、欧州で初めて全国を網羅するファーウェイの5G通信網を導入することで同社と合意した。

モナコテレコムのエティエンヌ・フランツィ（Etienne Franzi）社長は9日の開設式典で「われわれは、5Gネットワークによって完全に網羅される初めての国となる」とコメントした。〉

「大金持ちの国」モナコで、「ファーウェイの5Gはいいよ」となれば、欧州全体に広がっていく可能性がでてきます。

現状、アメリカのファーウェイつぶしは、あまりうまくいっていないようです。

「5Gからファーウェイを排除する」と決めたのは、日本、アメリカ、イギリス、カナダ、オーストラリア、ニュージーランドなど、多くありません。

その理由は、「現状5G技術で、ファーウェイに代わる存在がないから」なのです。

私たちが思っていたよりずっと重要な「ファーウェイ戦争」。

これからも目が離せません。

◉台湾との関係をを強化するアメリカ

第一章で、「トランプ・クーデター」の話をしました。

2016年12月、大統領就任前のトランプは、台湾の蔡英文総統と電話会談し、中国を激怒させていた。

ところが、2017年4月、トランプは習と初会談し、彼を「大好き」になってしまった。

哀れ、台湾は、トランプに「捨てられた」格好になりました。

ところが、2018年7月、「米中覇権戦争」がはじまった。

それで、アメリカの台湾への態度が大きく変化しています。

たとえば、2019年7月8日、アメリカ国務省は、台湾に戦車108両、携帯式地対空ミサイル250基など、22億ドル（約2400億円）分を売却することを決定しました。

さらに、同年8月16日、トランプは、F16戦闘機66機（80億ドル=約8500億円分）を台湾に売却することを許可しました。

また、蔡総統は2019年8月、アメリカを訪問。

ロサンゼルス郊外にあるレーガン記念図書館で講演。

在米台湾人との夕食会には、米議員が超党派で出席し、意見を交換しました。

また、蔡総統は、ＮＡＳＡのジョンソン宇宙センターを訪問しています。

これは、「小さなできごと」に思えますが、アメリカの態度が変わっていることを示しています。

アメリカが台湾との交流を深め、武器を提供し、台湾を強くする目的はなんでしょうか？

そう、台湾を使って中国を抑止することです。

習近平最大の目標は、「台湾統一」だといわれています。

彼が毛沢東にあこがれていることは、有名な事実。

習が台湾統一を成し遂げれば、彼は、中国人にとって**毛沢東を超える英雄**になれるかもしれません。

だから、気合が入っている。

実際彼は２０１９年1月、台湾統一実現のためには、**「武力行使もあり得る」**と宣言しています。

〈習氏、中台統一で軍事力行使を排除せず「一国二制度」も迫る
２０１９年1月2日
【1月2日 ＡＦＰ】中国の習近平（Xi Jinping）国家主席は2日、中国が台湾に平和統一を呼び掛けた「台湾同胞に告げる書」の発表40年に当たり演説し、台湾との「再統一」を確実にするための選択肢として**軍事力の行使を排除しない**と言明した。

台湾は最終的に中国本土に統一されることになるとも強調した。

習主席は台湾独立を助長するあらゆる試みをけん制。

「中国は統一されなければならず、またそうなる。これは、新時代の中国人民を再び大きく活性化させるのに欠かせない条件だ」と述べた。〉

これに対して蔡総統は、中国にない自由を持っている台湾は、それを放棄することはないと、反発しました。


〈一方、台湾の蔡英文（Tsai Ing-wen）総統は1日、**権威主義的な本土では見られない自由を台湾人民が放棄することはない**と述べ、中国をけん制。

さらに、中国政府は「（台湾人民）2300万人が自由と民主主義を堅持していることを尊重しなければならず」「双方の不一致への対処は、平和的で対等な条件をもってなされなければならない」と述べた。〉（同前）

13億の民を持つ、世界2位の大国に一歩も引かない蔡総統。勇敢です。

◉香港デモの黒幕はアメリカ？

2019年6月9日、香港で「100万人」デモが起こり、世界中の人が仰天しました。

デモの目的は、「逃亡犯条例改定に反対すること」です。

〈香港で9日、刑事事件の容疑者を中国本土に引き渡せるようにする「逃亡犯条例」改正に反対する大規模なデモがある。〉（毎日新聞　6月9日）

逃亡犯条例改定が実現すると、どうなるのでしょうか？

たとえば、香港で習近平の悪口をいった。

すると、逮捕されて、中国本土に送られてしまった。

こんな事が起こるようになるかもしれない。

〈「**冤罪（えんざい）で拘束され、中国本土で公平ではない裁判にかけられる**」との懸念が強まり、反対運動は日増しに熱を帯びている。〉（同前）

100万人デモを受けて、香港の行政長官キャリー・ラムは、逃亡犯条例改定「延期」を決めました。

しかし、民衆は納得せず、6月16日、今度は「200万人」デモが起こりました。

このデモについて、中国は、「**黒幕はアメリカだ**」と考えているようです。

こちらをごらんください。

〈香港のデモは「**米国の作品**」、中国が指弾
CNN.co.jp 8月1日 19：15配信
香港（CNN）　中国の華春瑩報道局長は8月1日までに、「逃亡犯条例」改正案の撤回を求めるデモなどが過去2カ月間続く香港情勢に触れ、

「**誰もが知っているように、米国の作品である**」

との見解を示した。〉

〈香港情勢に関連し、中国政府当局者による米国の介入への直接的な指弾では最も強い表現となっている。

中国国内ではここ数カ月間、香港のデモの背後に**西側勢力の工作がある**との臆測が流れていた。

香港の抗議デモの一部では過去に参加者が米国国旗を掲げる場面もみられた。

中国の国営メディアも、**香港の混乱を米国の責任とする**社説などが再三取り上げられている。

国営紙の環球時報は最近、香港の民主主義勢力の指導者と西側政府との間に前例のないレベルの接触があったとも報道。

「逃亡犯条例改正案に抗議する勢力は米国の支援を受けていることは香港で公然の秘密」

とも断じていた。〉（同前）

この話が事実だとすると、アメリカの目的は何でしょうか？

もちろん、中国の政治情勢を揺さぶることでしょう。

デモに対し、香港警察では対処できなくなり、人民解放軍が介入すればどうなるでしょうか？

アメリカは、「第2の天安門事件だ！」と大騒ぎし、日本、欧州を巻き込んで、「対中制裁」実現を目指すことでしょう。

クリミア併合後、アメリカは、日欧を巻き込み、対ロシア制裁を実施しました。

それで、ロシア経済は大きな打撃を受けている。


この作戦は、対中国でも使えそうです。

◉ここまでのまとめ

ここまでの話、少しまとめておきましょう。

・トランプは、米中覇権戦争をしながら、日本、欧州、イランとも戦っている。「戦略的な大統領」ではない。

・習近平は、その言動で、アメリカの警戒心を呼び起こし、覇権戦争勃発の原因を作った「戦略的でない国家主席」である。

・核兵器の時代、戦争の形態は変わっている。情報戦、外交戦、経済戦などが中心になっている。

・情報戦で、アメリカは有利。理由は、そもそも中国が「人権侵害超大国」だから。アメリカはウイグル問題を情報戦に使う。

・外交戦では中国が有利である。中国は、SCO、一帯一路、AIIB、BRICSなどの枠組みを使い、味方を増やしている。トランプには、「味方を増やす」という発想がそもそもないように見える。

・経済戦。関税戦争では、アメリカが有利。理由は、アメリカの対中輸入は、中国の対米輸入より3倍以上多いこと。同率の関税をかけあっても、中国の被害は、3倍大きい。

・ファーウェイは、ハイテク覇権戦争である。アメリカはファーウェイ排除を目指しているが、うまくいっていない。

・アメリカは、米中覇権戦争の一環として、台湾との関係を強化している。

・中国は、香港超大規模デモの黒幕はアメリカだと確信している。

◉米中覇権戦争の結末

ここまで読まれて、米中覇権戦争が、いろいろな方面で起こっていること、ご理解いただけたでしょう。

「関税引き上げ合戦」だけではないのです。

戦略的でない大統領トランプさん、戦略的でない国家主席習近平さん。

この二人の戦いは、どちらが勝利するのでしょうか?

私は、**「結局アメリカが勝利するだろう」**と思っています。

なぜでしょうか?

三つ理由があります。

◉第1の理由　中国経済が悪化し続けるのは必然だった

まず第1に、中国経済が悪化していくのは必然であることが挙げられます。これは、米中貿易戦争がはじまらなくても、そうなる方向だった。どういうことでしょうか？

中国のＧＤＰ成長率を見てみます。（ＩＭＦによる）

２００８年９・６％、２００９年９・２％、２０１０年10・61％、２０１１年９・５％。

この国は、２００８年に起きたリーマン・ショックの影響が皆無であるかのような成長を続けていました。

ところがその後を見ると、

２０１２年７・９％、２０１３年７・８％、２０１４年７・３％、２０１５年６・９％、２０１６年６・72％、２０１７年６・86％、２０１８年６・57％。

着実に鈍化している。

実をいうと、2010年代末にむけて中国経済の成長が鈍化していくことは、大昔から予測できたことです。

たとえば、私は2005年、34歳の時に、初めて本を出版しました。

その本『ボロボロになった覇権国家』(風雲舎)127pには、こう書いてあります。

〈中国は2008~2010年の危機を乗り越え、初めは安くてよい製品を供給する「世界の工場」として、その後は1億3000万人の富裕層を抱える巨大市場として、2020年ぐらいまで成長を続けるでしょう。〉

2005年の時点で、中国は2008~2010年の危機を乗り越え、成長を続けるが、それも2020年までと予想していた。

なぜこういう予測をしたのでしょうか?

根拠は、「国家ライフサイクル論」です。

「国家ライフサイクル論」では、国のある体制にも人間の「生老病死」のようなサイクルがあると見る。

具体的には、大きく「移行期=混乱期」「成長期」「成熟期」「衰退期」に分けることができます。

まず、前の体制からの「移行期」は、混乱が続いている。

しかし、有能なリーダーが出て政治の混乱を終わらせ、かつ正しい経済政策を行うと、「成長期」に突入する。

中国は、安い人件費を武器に「安かろう悪かろう」と批判されながらも急成長。しかし、人件費が高くなるにつれ、成長率は鈍化する。

やがて企業は、より労働力の安い外国に生産拠点を移すようになります。

こうして、成長期は終わり、低成長の成熟期がやってくる。

日本と中国の国家ライフサイクルを比較すると、**中国は、日本から約30年遅れている**ことがわかります。

1950年代、日本、成長期に突入。

1980年代、中国、鄧小平改革で成長期に突入。

1960年代、日本、「安かろう悪かろう」と揶揄されながらも急成長。

1990年代、中国、「安かろう悪かろう」と揶揄されながらも急成長。

1970年代、日本、「世界の工場」になる。

2000年代、中国、「世界の工場」になる。

1980年代、「日本が米国を追い越す」と多くの人が確信。

2010年代、「中国が米国を追い越す」と多くの人が確信。


この「パラレル状態」が続くと仮定すると、2020年代からの中国は以下のようになります。

1990年代、日本、「バブル崩壊」から「暗黒の20年」に突入。

2020年代、中国、「暗黒の20年」に突入?


日本政府が尖閣を国有化した2012年、日中関係は「戦後最悪」になった。

それで日本では、生産拠点を中国の他にもつくる「チャイナプラスワン」という考えが一般化しました。

日中関係の悪化が直接的原因でしたが、中国の人件費が高騰し、利益が出にくくなったことが長期的理由でした。

外国企業が逃げ出す。

これは、国家ライフサイクル論では、まさに「成長期後期」の典型的現象。
つまり、**米中貿易戦争が始まらなくても、中国経済の栄華は終わりつつあった。**

結論を書くとこうなります。

国家ライフサイクルどおり、中国の経済的繁栄は終わりつつあった。
米中貿易戦争は、この繁栄終了のプロセスを加速させるだろう。

◉第2の理由　脆弱な中国の政治体制

第2の理由は、中国の政治体制が脆弱であること。

ご存じの通り、中国の政治体制は、**共産党の一党独裁**です。
つまり、民主主義国家にあるような、**「選挙による政権交代システム」**がない。これは、非常に重大な欠陥です。

理解しやすいように、アメリカと比較してみましょう。

黒人と白人のハーフ・オバマ前大統領の誕生は、まさに「革命」でした。

ケニア人を父に持つ男性が、ＷＡＳＰ（白人、アングロサクソン、プロテスタント）が支配する国のトップになったのですから。

しかも、このプロセスは、選挙を通して、あっさり実現しました。

これが、アメリカの強さであり、安定性です。


日本でも、自民党が増長し悪政を行うようになると、時々政権交代が起こります。

しかし、交代は選挙によって行われ，流血の事態は起こらない。

これが、日本の強さと安定性。


実際の革命なしで、平和裏に「革命的」なことを起こせる。

これが、民主主義国家の強さです。


ところが中国では、そうはいかない。

中国人が「政権交代」を望むなら、革命を起こすしか方法がありません。

選挙で選ばれたことがない共産党は、これまで二つの「正統性」を確保してきました。

一つは、国民党を駆逐して、「中華人民共和国」を建国したこと。

二つ目は、奇跡的経済成長を実現したこと。

ところが、既述のように、中国の経済成長は終わりつつある。

それで、**共産党が勝手に中国を支配できる「正統性」はなくなりつつある。**

今後、中国経済は必然的に悪化していきます。

そして、その責任は、共産党、特に独裁者・習近平にあると認識されるでしょう。

（中国政府は、「貿易戦争を始めたアメリカが悪い」と国民に説明するでしょうが。）

1990年代初めのバブル崩壊後、日本の政界は混乱しました。

そして、1993年、日本新党の細川護熙氏が総理大臣に就任。

38年間続いた自民党時代は終焉した。

2020年代、中国の政界も、景気悪化で混乱することになるでしょう。

選挙による政権交代システムがない中国は、1990年代の日本以上の大混乱に陥る可能性が高いのです。

◉第3の理由　戦闘なしの戦争で、中国は勝てない

既述のように、現在多方面で、米中の争いが起きています。
それらは、すべて「覇権戦争」の一環。

情報戦では、アメリカが圧倒的に有利です。

しかし、外交戦では、中国が現状優勢。
トランプは、「アメリカ・ファースト」で他国と良好な関係を築くことにほとんど関心を持っていないように見えます。

しかし、長期的に見ると、外交戦でも中国は不利になっていくことが予想されます。
理由は、**中国経済が長期的に悪化していくこと。**

考えてみてください。
中国が、人権侵害超大国であることは、世界中の誰もが知っています。
それでも、日本と欧米は、この国の人権問題について、ほとんど触れなかった。

なぜでしょうか？

そう、中国と関わっていると**「儲かるから」**です。

つまり、日本も欧米も、いや全世界が、

**金
＜
人権**

ということで、中国に優しかった。

しかし、中国の経済成長率は、これから徐々に鈍化し、お金はどんどん無くなっていきます。

そう、中国は今まで、**「お金がたっぷりある人権侵害国家」**だった。

ところがこれからは、徐々に**「お金があまりない人権侵害国家」**になっていく。

歴史が証明しているように、「お金がたっぷりある人権侵害国家」とつきあいたい国、企業、人はたくさんある。

しかし、「お金があまりない人権侵害国家」とつきあいたい国、企業、人は、ほとんどいないのです。

近い将来、中国に関しては、

金 < 人権

から

金 > 人権

に変わっていくでしょう。

世界の国々は、アメリカか、金のない中国かと聞かれれば、ほとんどの国がアメリカを選択することになるでしょう。

そして、経済戦。

ファーウェイ問題は、あまりうまくいっていないようですが、関税戦争でアメリカは、中国に大打撃を与えている。

ここまでをまとめると。

・中国経済は、米中貿易戦争がなくても悪化していくトレンドである。
・中国経済は、米中貿易戦争で悪化のスピードが加速する。
・不況で、中国の政治は不安定化する。
・民主的政権交代システムがない中国では、クーデター、革命が起こりやすくなる。
・核大国である米中の「戦争」は、情報戦、外交戦、経済戦がメインになるが、中国は米国に勝てない。

となります。

このように、私は、米中覇権戦争で、「アメリカが勝つ」と考えています。

しかし、アメリカは、中国がどんな状態になれば「勝った」と認識するのでしょうか？

これは、**中国で「共産党の一党独裁体制が崩れ、民主化したら勝利」**ということでしょう。

第三章

米中覇権戦争の世界で、日本はどうするべきか？

◉米中覇権戦争、日本への経済的影響

ここからは、日本について考えていきます。

まず、日本にとって、「米中覇権戦争」とは何でしょうか？

二つポイントがあります。


一つは、「経済面」です。


経済的に見ると、米中覇権戦争は、「かなり迷惑なこと」といえるでしょう。

なぜでしょうか？

米中覇権戦争の結果、世界経済が悪化し、日本経済も打撃を受けるからです。

というか、すでに打撃を受けています。

二つ例を挙げておきましょう。


精密小型モーターで世界一のシェアを誇る日本電産。

この会社は、米中戦争の影響で、危機的状況に陥りました。

「ダイヤモンドオンライン」２０１９年1月18日、村井令二さんの記事を参考にします。

〈1月17日、日本電産は2019年3月期の業績予想の下方修正を発表した。

「これまでの長い経営経験でも見たことがないほどの落ち込みだ」

同日の記者会見で、日本電産の永守重信会長兼最高経営責任者（CEO）は売り上げが急減していることを明かした。〉

「これまでの長い経営経験でも見たことがないほどの落ち込み」だそうです。

永守さんが日本電産を創業したのは、1973年。

つまり、46年間で最悪の落ち込みということになります。

〈中国の自動車向けモーター関連の生産は11月と12月に前年同月比**30％も下落。**

中国の白物家電向けのモーターも**同30～40％落ち込んだ。**

とくに家電用モーターは在庫が溜まったままで、新しい受注に繫がらない状態が続いている。〉（同前）

自動車向けモーターも白物家電用モーターも、前年同月比で30％以上の下落。

深刻です。

〈この局面で永守会長の脳裏には、2008年秋の**リーマンショックが思い浮かんでいたという。**

「当時は売上高が半分になったが、（11～12月の）売り上げは3割落ちたので、さらに落ち込むとすれば、**リーマンの時と同じだと見る必要がある**」。

リーマンショックで多くの企業が資金繰りに窮した時のように、今の段階でも、米中貿易摩擦の影響で、中国の一部で資金繰りに苦しむ企業も出てきたようだ。〉（同前）

永守会長「さらに落ち込むとすれば、リーマンの時と同じだと見る必要がある」とのことです。

筆者の村井令二さんは、この記事を、こう締めくくります。

〈永守会長に「尋常ではない」と言わしめた「日本電産ショック」は、長引く米中貿易戦争がもたらす**危機の序章に過ぎない。**〉（同前）

これは、2019年1月の記事でした。

では、その後どうなったのでしょうか？

皆さんご存知のように、米中覇権戦争は、ますます激化していったのです。

日本企業に影響はあったのでしょうか？

二つ目の例を。

2019年8月1日の共同通信は、2019年4月〜6月期の連結決算について触れています。

結果は、衝撃的。


パナソニックの純利益は前年同期比13・2％減の497億円。

三菱電機は10・1％減の427億円となった。

ソニーは32・8％減の1521億円。

富士通は90・2％減の70億円。

シャープは34・7％減の125億円と落ち込んだ。


理由について、記事は、「米中貿易摩擦による中国経済減速の影響を受けて自動車やスマートフォン向けの電子部品などの販売が低迷」したからと、結論づけています。


二つの記事を紹介しましたが、「米中覇権戦争」が日本経済に与える影響は、かなりネガティブであること、ご理解いただけるでしょう。

その構図は、

1　アメリカが中国製品への関税を引き上げる

2　中国の景気が悪くなる
3　中国で日本企業の製品が売れなくなる
4　日本全体に波及し、日本の景気が悪くなる

となります。

この戦争は、日本の景気を悪化させるので、迷惑。

特に、中国と取引をしている会社の人は、「大迷惑だ！」と怒っているかもしれません。

◉安全保障面からみた米中覇権戦争

しかし、もう一つポイントがあります。

それは、**米中覇権戦争が日本の「安全保障」にどうかかわっているかという点です。**

日本には現在、安全保障上の脅威は存在するのでしょうか？

すぐに思い浮かぶのは、２０１７年に核実験、ミサイル実験を繰り返し、世界を恐怖させていた北朝鮮でしょう。

さらに、日本は、三つの国と領土問題を抱えています。

ロシアと、北方領土問題。

韓国と、竹島問題。

中国と、尖閣問題。


これらは、三つとも「領土問題」と一言で表現されています。

それで、「全部同じなのかな」と思いがち。

しかし、「質的」にみると、ずいぶん違います。


（註、ここから、戦争（戦闘）という言葉が頻繁に出てきます。

なぜ戦争という言葉の後ろにわざわざ（戦闘）とつけるのでしょうか？

私は、「戦争」という言葉を、武器を使ったいわゆる「戦闘行為」に限定していないからです。

情報戦、外交戦、経済戦も「戦争の一部」と見ている。（たとえば米中覇権戦争）

戦争（戦闘）と書いてある場合、実際に武器を使って行われる戦闘行為のことを指します。）


まずロシアは、第二次大戦後、北方四島を実効支配している。

それで、ロシアは、現状に満足しています。

ですから、ロシアが日本を攻撃する理由はない。

新日ロ戦争（戦闘）が起こるとすれば、日本側が仕掛ける場合に限られます。

次に韓国は、1952年から竹島を実効支配しています。

それで、現状に満足している。

ですから、韓国が日本を攻撃する理由はありません。

竹島をめぐって日韓戦争（戦闘）が起こるとすれば、それは日本から仕掛ける場合に限られます。


最後に、尖閣。

中国は、**尖閣を実効支配していません**。

それで、ロシア、韓国とは違い、現状に満足していない。

ですから、日本が仕掛けなくても、中国が仕掛ける形、つまり尖閣に上陸、占領するような形で、日中戦争（戦闘）が起こる可能性がある。


これについて、「そんな、バカな！」と考える人は、新聞を読んでいないのでしょう。

産経ニュース2017年9月8日付は、尖閣国有化から5年間で、中国が領海侵犯した日が199日あったと報じています。


〈尖閣諸島の周辺では、中国公船が荒天の日を除き連日のように領海外側の接続水域を航行している。

8日現在、**国有化後の領海侵入は199日に上っており**、あと1日で200日に及ぶ。

海域では海上保安庁の巡視船が警戒を続けており、情勢の緊迫化が収まる気配はない。

海保によると、平成24年9月の尖閣国有化以降、これまでに延べ**６４３隻の中国公船が領海に侵入**している。〉

5年というと、1825日になります。
そのうち、領海侵犯があった日は199日。
つまり、中国は、**9日に1回、領海侵犯**をしている。
これを「たまたま領海侵犯した」と考える人はいません。
どう考えても「意図をもって」侵犯している。

さらに、中国は、**高校の教科書に尖閣問題を載せ**、国民洗脳を開始しています。

〈中国、**高校の歴史教科書で尖閣の領有権強調へ**
読売新聞オンライン　8月3日 18：39配信
【北京＝比嘉清太】中国で9月から使われる高校の歴史教科書に、**沖縄県・尖閣諸島が古くから中国の領土であると強調する内容が記述される**見通しとなった。
中国共産党機関紙・人民日報系の環球時報（英語版）が2日、伝えた。尖閣諸島の領有権に関する主張をさらに強化する狙いがあるとみられる。〉

〈ちなみに、中国が尖閣の領有権を主張しはじめたのは、1970年代に入ってからです。

国連の調査で、尖閣周辺の海底に石油があると報告された。

それで、中国は突然、「尖閣は、わが国固有の領土だ！」と主張しはじめたのです。

信じられない方は、是非ご自分で調べてみてください。

中国の主張は、泥棒レベルですが、それでも彼らは「真剣に」尖閣を奪いにきている。

そのために、ウソで国民を洗脳すらするのです。）


こういう現状を知ったうえで、「米中覇権戦争」について再考してみましょう。


まず、中国は、日本にとって明白な脅威です。

そして、中国は、日本にとっては「**巨大すぎる**」**脅威**なのです。

たとえば、2018年の軍事費（世界銀行のデータ）を比較してみましょう。

日本の防衛費は、466億ドル（約5兆1260億円）で、世界9位。

中国は、2499億ドル（約27兆円）で世界2位。

中国の軍事費は、日本の防衛予算の実に5・36倍（！）。

さらに、日本を破壊しつくせる核兵器を保有している。

こう考えると、まともに考えて、「**日本一国で勝てる相手ではない**」こと、中学生でも理解できるでしょう。

米中覇権戦争を、日本の安全保障の観点から見てみる。

すると、アメリカは、**「日本の脅威と戦ってくれているのだ」**という事実に気づくはずです。

◉尖閣は、中国に奪われる寸前だった

実をいうと、中国の脅威は、「巨大すぎる」だけではありません。「目前にある」脅威でもあります。

順番にお話ししましょう。

２００８年、「リーマンショック」から、アメリカ発「１００年に1度の大不況」がはじまりました。

アメリカは沈みましたが、中国だけは、その後も「何事もなかったかのように」成長しつづけたことは、すでに触れました。

日本人はあまり意識していませんが、実をいうと２００８年は非常に「歴史的な」年でした。なぜでしょうか？

「二つの時代が終わったから」です。

どういう時代？
1945年～1991年末までを、「冷戦時代」、別の言葉で「**米ソ二極時代**」と呼びます。
では、1992年からの時代は、なんと呼ばれているのでしょうか？

これは、「**アメリカ一極時代**」といいます。

それまでは、二つの極、すなわちアメリカとソ連があった。
ところが、一つの極ソ連が消滅し、極がアメリカだけになった。
だから、アメリカ一極時代なのです。

では、今もアメリカ一極時代はつづいているのでしょうか？
いえ、つづいていません。
今は、別の時代です。

米中二極時代。

いつ、米中二極時代は、はじまったのでしょうか？

2009年です。

2008年に、アメリカ一極時代が終わり、2009年から世界は米中二極時代に突入した。

米中二極時代とはいいますが、アメリカは100年に1度の大不況の震源地でボロボロ。

一方、中国は、相変わらず9～10％の成長をつづけていた。


まさに、**「沈むアメリカ、昇る中国」**です。

中国は、「もはやアメリカを気にせずに国益を追求できる」と確信した。


そして、2010年には「尖閣中国漁船衝突事件」を起こしました。

既述のように、この時は、アメリカが「尖閣は日米安保の適用範囲」と宣言したので引っ込んだ。


2012年9月11日、日本政府は「尖閣国有化」を決めます。

中国政府は、激怒しました。

そして、戦争の準備を開始した。


時事通信、2012年9月11日付。

〈中国軍、**報復措置**を示唆＝尖閣国有化、対日強硬論台頭か
時事通信 9月11日17時16分配信
【北京時事】中国国防省の耿雁生報道官は11日、日本政府による沖縄県・尖閣諸島（中国名・釣魚島）の国有化決定を受けて談話を発表。
「中国政府と軍隊の領土・主権を守る決意と意志は断固かつ揺るぎない」とした上で、「われわれは事態の推移を密接に注視し、相応の措置を取る権利を留保する」と述べ、**日本への報復措置**を示唆した。〉

しかし、中国政府には、「どうしても確認しなければいけないこと」がありました。
そう、中国が尖閣に侵攻したら、アメリカはどう動くのか？

同年9月19日、当時副主席だった習近平は、アメリカのパネッタ国防長官と会談。
彼は、さんざん日本を批判した後、こういいます。

「アメリカが釣魚島（＝尖閣）の主権問題に介入せず、事実を複雑化させないことを望む」

要するに、**「これから俺たちは尖閣に侵攻するが、アメリカ軍は介入するなよ！」**と脅迫した。

するとパネッタさんは、こう答えました。

「尖閣諸島は日米安保条約の適用範囲であり、軍事的な衝突に発展すれば、アメリカも関与せざるをえない」

この一言で、日本は救われたのです。

この一言がなければ、中国は、安心して尖閣に侵攻し、苦もなく奪ったことでしょう。

アメリカが、２０１０年につづいて日本を救った事実、もっと多くの日本人が知るべきだと思います。

しかし、中国はこれで引き下がりませんでした。

◉反日統一共同戦線戦略

尖閣国有化に激怒した中国は、日本を叩きつぶすことにしました。

しかし、アメリカが介入してくるので、軍事力を使うことはできない。

それで、中国は、**謀略によって日本を破滅させる**ことにした。

それが**「反日統一共同戦線戦略」**です。

「反日統一共同戦線戦略」などと聞くと、100人中100人が、「陰謀論?」「トンデモ系?」「ネトウヨ?」などの言葉を思い浮かべるでしょう。

しかし、これは陰謀論でもトンデモ系でもない、まぎれもない事実です。

証拠もあります。

証拠とは、

2012年11月15日「ロシアの声」に掲載された、

「反日統一共同戦線を呼びかける中国」

のことです。

「反日統一共同戦線」で検索し、ぜひ全文ご一読ください。

とても重要です。

さて、この記事には何が書かれていたのでしょうか?

抜粋させていただきます。

〈14日モスクワで行われた露中韓の三国による国際会議「東アジアにおける安全保障と協力」

で演説にたった中国外務省付属国際問題研究所の郭宪纲（ゴ・シャンガン）副所長は、こうした考えを明らかにした。

郭氏は、日本は近隣諸国との領土問題の先鋭化に意識的に対応し、第2次世界大戦の結果を認めないことを見せ付けたと強調している。〉

14日とは、「2012年11月14日」のこと。

「日本は近隣諸国との領土問題の先鋭化に意識的に対応し」とはどういう意味でしょうか？

日本の野田内閣（当時）は2012年9月、尖閣を「国有化」し、中国を激怒させた。

それで、日中関係は「戦後最悪」レベルになっていた。

〈郭氏は対日同盟を組んでいた米国、ソ連、英国、中国が採択した一連の国際的な宣言では、第2次世界大戦後、敗戦国日本の領土は北海道、本州、四国、九州4島に限定されており、こうした理由で日本は南クリル諸島、トクト（竹島）、釣魚諸島（尖閣諸島）のみならず、**沖縄をも要求してはならない**との考えを示した。〉（同前）

中国、「驚きの本音」がここで飛び出します。

まず、日本に「北方四島」「竹島」「尖閣」の領有権はない。

それればかりか、日本には、「**沖縄の領有権もない**」と断言しています。

〈こう述べる郭氏は、中国、ロシア、韓国による**反日統一共同戦線**の創設を提案している。日本に第2次世界大戦の結果を認めさせ、近隣諸国への領土要求を退ける必要性を認識させるために、この戦線には**米国も引き入れねばならない。**〉(同前)

そして、「反日統一共同戦線」には、日本の同盟国**アメリカ**も引き入れねばならない。

中国、ロシア、韓国で、「**反日統一共同戦線**」をつくる。

もう二つ、日本人にとって、驚愕の提案が飛び出しました。


この濃い記事には、中国の「**対日戦略**」が明確に記されていました。

すなわち、

1　中国、ロシア、韓国で「**反日統一共同戦線**」をつくる。
2　中国、ロシア、韓国は、共同で、日本の領土要求を断念させる。
(日本には、**沖縄**の領有権もない。)
3　日本の同盟国である**アメリカ**も、「反日統一共同戦線」に参加させる。

私はこの記事を読んで、「**嗚呼、日中戦争がはじまった……**」と嘆き悲しみました。

既述のように、私が使う「戦争」の意味は、「戦闘」に限定されません。

情報戦、外交戦、経済戦なども含まれます。

中国は、戦略によって日本を叩きつぶそうとしているのですから、２０１２年にはじまったのは、**まさしく戦争**なのです。

◉「反日統一共同戦線戦略」を無力化する方法

では、日本はどうやって「反日統一共同戦線戦略」に対抗すればいいのでしょうか？
理論的には簡単です。

中国の戦略の骨子は、

・日米関係を破壊する
・日ロ関係を破壊する
・日韓関係を破壊する
・日本を孤立させ、尖閣、沖縄を奪う

となります。
ですから、日本は「反対のこと」をすればいい。
つまり、

・アメリカとの同盟関係をますます強固にしていくこと
・ロシアとの友好関係を深化させていくこと
・韓国と和解すること

これができれば、日本は孤立しない。
そして「反日統一共同戦線戦略」を無力化することができます。

◉「反日統一共同戦線戦略」無力化に成功した安倍総理

実際は、何が起こったのでしょうか？

中国は２０１３年、嬉々として戦線に参加した韓国と共に、「反日プロパガンダ」を大々的に行いました。

韓国の朴槿恵大統領は、「告げ口外交」によって日本の悪口を拡散し、習近平を大いに喜ばせた。

目に見える結果がでたのは、２０１３年12月です。

総理が12月26日、靖国を参拝した。

すると、中韓だけでなく、アメリカ、イギリス、ドイツ、ＥＵ、ロシア、オーストラリア、シンガポール、世界一の親日国台湾などが、これを厳しく批判した。

私は、靖国参拝大賛成派ですが、この年は、「中国の罠にはまるから行くな」と反対していました。

そして、「予想通りの結果」になってしまった。

どんな反応があったのでしょうか？

・2013年12月26日、安倍総理の靖国参拝について、**アメリカ大使館が「失望した」**と声明を発表。

・**アメリカ国務省も「失望した」**と、同様の声明を発表。

・**英「ファイナンシャル・タイムズ」**（**電子版**）は、安倍総理が**「右翼の大義実現」に動き出した**との見方を示す。

・**欧州連合**（**EU**）**のアシュトン外相**は、（参拝について）**「日本と近隣諸国との緊張緩和に建設的ではない」**と批判。

・**ロシア外務省**は、「このような行動には、遺憾の意を抱かざるを得ない」**「国際世論と異なる偏った第二次大戦の評価を日本社会に押し付ける一部勢力の試みが強まっている」**と声明。

・**台湾外交部**は、「歴史を忘れず、日本政府と政治家は史実を正視して歴史の教訓を心に刻み、**近隣国や国民感情を傷つけるような行為をしてはならない**」と厳しく批判。

・12月27日、**米「ニューヨーク・タイムズ」**、社説**「日本の危険なナショナリズム」**を掲載。

・12月28日、**米「ワシントン・ポスト」**は、「挑発的な行為であり、安倍首相の国際的な立場と日本の安全をさらに弱める」と批判。

・同日、**オーストラリア有力紙「オーストラリアン」**は、社説で**「日本のオウンゴール」「自ら招いた外交的失点」**と指摘。

・12月30日、**米「ウォール・ストリート・ジャーナル」**、「安倍首相の靖国参拝は日本の**軍国主義復活**という幻影を自国の軍事力拡張の口実に使ってきた中国指導部への贈り物だ」。（つまり、「日本で軍国主義が復活している」という、中国の主張の信憑性を裏付けた）

・同日、**ロシアのラブロフ外相**は、**「ロシアの立場は中国と完全に一致する」「誤った歴史観を正すよう促す」**と語る。

日本政府の高官たちは、オロオロしていました。

「反日統一共同戦線戦略」を知らない彼らは、なぜここまで激しくバッシングされるか理解できなかったからです。

2014年初、日本は世界的に孤立していました。

まさに習近平の戦略どおり、事は進んでいたのです。

しかし、思いもよらない事態が起こり、安倍総理は救われます。

２０１４年３月、ロシアによる「クリミア併合」が起こった。

それで、オバマは、「対ロシア制裁」に日本を引き込むため、安倍総理と和解せざるを得なくなった。

クリミア併合は、ウクライナにとって悲劇的な事件でした。

しかし、事実として、安倍総理と日本を孤立から救うことになったのです。

２０１５年３月、「ＡＩＩＢ事件」が起こりました。

ほとんどすべての「親米国」がアメリカを裏切った。

しかし、日本はＡＩＩＢに参加しませんでした。

そして、２０１５年４月、訪米した安倍総理は、歴史的「希望の同盟演説」を行います。

〈米国が世界に与える最良の資産、それは、昔も、今も、将来も、希望であった、希望である、希望でなくてはなりません。

米国国民を代表する皆様。

私たちの同盟を、「**希望の同盟**」と呼びましょう。

アメリカと日本、力を合わせ、世界をもっとはるかに良い場所にしていこうではありませんか。

希望の同盟――。

一緒でなら、きっとできます。

ありがとうございました。〉

感動的なスピーチで、涙する議員さんもいた。

「ＡＩＩＢ事件」で自信喪失していたオバマさんも元気を取り戻し、

「歴史的な訪問に感謝する。

日米関係がこれほど強固であったことはない。」

とツイートしたのです。

こうして安倍総理は、２０１３年末時点で最悪だった日米関係を改善させることに成功しました。

そして、後任のトランプとも良好な関係を築いています。

２０１５年12月、いわゆる「慰安婦合意」が成立しました。

保守派の皆さんは、この合意に反対だったと思います。

いろいろ理由はありますが、「きっと韓国は、ウソをつくだろう」と思ったことも大きいでしょう。

そして、案の定、韓国はこの問題を蒸し返してきました。

「予想通り」ではありますが、この合意は、「反日統一共同戦線の無力化」には役立ったのです。

一時的ですが……。


では、日ロ関係はどうでしょうか？

二国関係は、日本が対ロシア制裁に参加したことで悪化しました。

しかし、２０１６年12月にプーチンが訪日し、劇的に改善されたのです。


繰り返しますが、中国の戦略は、日米、日ロ、日韓関係を破壊することで、日本を孤立させる。

そのうえで、尖閣、沖縄を奪う。


これに対し、安倍政権は、日米、日ロ、日韓関係を好転させた。

結果、安倍総理は、**「反日統一共同戦線戦略無力化」に成功した**のです。


私は、「安倍信者」ではありません。

「消費税引き上げ」にも「３Ｋ外国人労働者の大量受け入れ」にも、ずっと反対してきました。

しかし、総理は、「反日統一共同戦線戦略」を無力化することに成功した。

その一点で、私は今まで、安倍支持を公言してきたのです。

（ちなみに、「反日統一共同戦線無力化プロセス」については、拙著『中国に勝つ 日本の大戦略』［育鵬社］で詳述しています。興味がある方は、是非ご一読ください。）

◉日中戦争が、米中戦争に転化した

米中覇権戦争、「前哨戦」は2015年3月の「AIIB事件」直後に起こりました。当時の大統領は、オバマさんです。

トランプが大統領に就任した2017年、米中覇権戦争は「休戦」でした。

既述のように、北朝鮮が核実験、ミサイル実験を繰り返していた。トランプは、習近平が北核問題解決に協力してくれることを期待していた。しかし、期待は裏切られ、米中覇権戦争が「関税引き上げ合戦」という形ではじまったのが、2018年7月でした。

私は、2017年12月に出版した『中国に勝つ 日本の大戦略』の中で、日本外交の目的について書きました。

〈日本が目指すのは、あくまで**「アメリカを中心とする対中国バランシング同盟の構築」**です。〉（269p）

これは、どういうことでしょうか？

2012年11月から日中戦争は始まっています。

しかし、中国は、軍事費が日本の5倍以上あるモンスター。

まともに戦ったら勝てるはずがない。


それで、私は過去本の中で、**「日中戦争を米中戦争に転化せよ」**と主張したのです。

「アメリカが主導して中国と戦うような状況を作り出せ」と。


そして、2018年7月、ついに米中戦争がはじまった。


このことは、日本にも経済的大問題を引き起こします。

しかし、中国の戦略に嵌められて、世界的に孤立させられ、結果として尖閣、沖縄を奪われるよりはマシでしょう。


結局、**金（経済）より、命（安全）の方が尊い**のですから。

中国の狡猾な戦略を放置しておけば、日本は、必ず破滅させられていました。
安倍内閣の功績で、反日統一共同戦線戦略は無力化され、米中戦争がはじまった。
これは、見方によっては、日本外交の大きな勝利でした。
しかし……。

◉ブレる安倍外交

しかし、「米中覇権戦争」がはじまった2018年7月以降、安倍内閣の外交は迷走しています。

どういうことでしょうか？

繰り返しになりますが、大事なことなので復習しておきましょう。
中国の戦略は、

・日米関係を破壊
・日ロ関係を破壊
・日韓関係を破壊
・そして、日本を孤立させ、尖閣、沖縄を奪うでした。

対する日本の戦略は、

・アメリカとの同盟関係をますます強固にしていくこと
・ロシアとの友好関係を深化させていくこと
・韓国と和解すること

でした。

この戦略は、米中覇権戦争がはじまった後も「不変」でなければならないのです。

ところが、安倍総理は、「米中覇権戦争がはじまったから、リラックスできる」と考えたのでしょうか？


戦略から外れた行動を次々と行うようになっていきます。

別の言葉で表現すれば、「ブレてきた」。

どういう意味でしょうか？

◉中国に急接近する安倍政権

2019年6月、大阪でG20サミットが開催され、たくさんの首脳が訪日しました。「反日統一共同戦線戦略」で「日本を破滅させようと」と画策していた（いる）男・習近平も来日。

中国国家主席の日本訪問は、2010年11月に胡錦濤以来9年ぶり。

安倍総理は、「日中関係は完全に正常な軌道に戻った」とし、「来年の桜の咲く頃、習主席を国賓として日本に迎えたい」と要請しました。

すると、習は「来春の訪問は極めていいアイディアだ。外交部門で具体的な時期について調整して欲しい」と応じた。

私が細かく説明するまでもなく、皆さん「日中関係はよくなっている」と感じていることでしょう。

なぜ、よくなっているのでしょうか？

答えは簡単で、**「米中覇権戦争」がはじまり、米中関係が最悪になったから**です。

では、日中関係が改善されること、日本にとってはどうなのでしょうか？

既述のように、中国は、尖閣だけでなく沖縄も狙っています。

日本は、どうすれば、尖閣、沖縄を守れるのでしょうか？


一つは、アメリカとの関係をますます強化していくこと。

アメリカのおかげで、２０１０年、２０１２年、中国は尖閣侵攻を思いとどまったという話、すでにしました。


もう一つの方法は、中国と良好な関係を築くことです。

関係が良好であれば、中国が尖閣に侵攻する可能性は減ると思えるでしょう？


しかし、日中関係がよくなりすぎると、困った問題が起こってきます。

そう、日中関係が深化すると、逆に日米関係が悪化する。

なぜ？


今や、**中国は、アメリカ合衆国最大の敵**です。

アメリカの同盟国日本が、中国と昵懇の関係になることは、**「アメリカを裏切って敵に接近している」と認識されるリスクがある。**


そして、実際に日中関係がよくなるにつれ、日米関係がギクシャクしてきました。

安倍総理は、習近平に会った翌日の6月28日、今度はトランプと会談した。

トランプは来日前の6月26日、米テレビ局FOXビジネスのインタビューで、ショッキングな発言をしていました。

「日本が攻撃されれば、米国は第三次世界大戦を戦う。我々は命と財産をかけて戦い、彼らを守る」

「でも、我々が攻撃されても、日本は我々を助ける必要はない。彼らができるのは攻撃をソニーのテレビで見ることだ」

要するに「日米安保は不平等だ！」と不満をいった。

トランプさん、大統領選挙戦中は、よくこの手の発言をしていました。

しかし、大統領に就任した後は、封印していた。

そして、安倍総理と会った翌日の6月29日、トランプは記者会見で、同じような発言をしました。

「米国の離脱は全く考えていないが、不公平な合意だ」

「誰かが日本を攻撃すれば、我々は反撃し、全軍全力で戦う。
しかし、誰かが米国を攻撃しても、彼らはそれをする必要がない。
これは変えなければいけないと安倍首相に言った」

安倍総理とトランプさんの仲は、「良好だ」といわれています。
しかし、トランプが現在の日米関係に不満を抱いていることは明らかです。

彼の気持ち、理解できます。

アメリカは今、**世界の覇権をかけて中国に戦いを挑んでいる。**

そんな重大事に、「希望の同盟国」であるはずの日本の総理は、アメリカ最大の敵である中国との関係を深化させ、「来年の桜の咲く頃、国賓としておこしください！」などといっている。

トランプさんがムカつくのは当然でしょう。

というわけで、日中関係改善に伴い、日米関係がギクシャクしてきた。
この状況を、変えていかなければなりません。
どうやって？

中国を挑発する必要はありませんが、日本にとっては

アメリカ
＜
中国

であることを、常にはっきり示す必要がある。
そして、アメリカが中国に制裁を科せば、それに即座に同調する。
たとえば、アメリカがファーウェイ排除を決めれば、アメリカ同様の措置をとる。
そして、アメリカが、ホルムズ海峡で「タンカー防衛有志連合を組織する」といったら、協力を惜しまない。

我々日本人は、決して忘れてはなりません。

日本が現在、戦争（戦闘）になる可能性があるのは、中国である。

彼らは、尖閣だけでなく、**沖縄も狙っている。**

そして、日本の**5倍の軍事費を誇る中国を止めるためには、強固な日米同盟が不可欠である。**

これを全部理解したうえで、微笑みながら習近平と握手するのならいいのです。

しかし、心の中では、**「あなたが反日統一共同戦線戦略を主導していること、忘れてませんよ！」**というのです。

中国に、とことん接近したらどうなるか？

ひょっとしたら、以下のような疑問がでるかもしれません。

「北野さん、あなたは、こう書いています。

〈日本は、どうすれば、尖閣、沖縄を守れるのでしょうか？

一つは、アメリカとの関係をますます強化していくこと。

アメリカのおかげで、２０１０年、２０１２年、中国は尖閣侵攻を思いとどまったという話、すでにしました。

もう**一つの方法は、中国と良好な関係を築くことです。**

関係が良好であれば、中国が尖閣に侵攻する可能性は減ると思えるでしょう?〉

そうであるならば、アメリカの反発を気にせず、**中国との関係をとことん深めていけばどうですか?**

それでも、尖閣、沖縄を守ることができるのではないですか?」

一見もっともらしく聞こえる、この意見はどうでしょうか?

確かに、日中関係は、最悪であるより、少し温かいぐらいがちょうどいいのです。

尖閣漁船衝突事件があった2010年、尖閣国有化の2012年のように、極度の緊張関係は、とても危険です。

だからといって、はてしなく日中関係をよくすればいいわけではない。

なぜでしょうか?

二つ問題が起こってくるからです。

一番目は、アメリカとの問題です。

日本が、アメリカの意向を無視して、どんどん中国に接近していく。

そうなると、ある時点で、日本はアメリカの同盟国ではなくなってしまいます。

それどころか、覇権戦争中の敵である中国の同盟国とみなされるようになるでしょう。

アメリカの敵になって、ただですむと思いますか？

アメリカは、現在中国にしているように、全日本製品に高関税をかけて、日本経済を破壊することができます。

さらに関係が悪化すれば、中東から日本に石油が入ってこないようにすることもできるでしょう。

そう、アメリカは、極めて短期間で日本を壊滅させることができる力をもっている。

もう一つの問題は、中国とは**対等な関係を築けない**という事実です。

第一章にも登場しましたが、フィリピンの例を。

フィリピン、ルソン島の西にスカボロー礁があります。

地図を見ていただければわかりますが、フィリピンから一番近く、中国からはかなり離れている。

しかし、中国は、このスカボロー礁の領有権を主張しています。

スカボロー礁だけではありません。

中国は1953年に、「九段線」を主張しはじめたという話でした。

ざっくりいうと、「南シナ海は、ほとんど全部中国のものだ」という主張です。


さて、スカボロー礁。

2012年4月8日、フィリピン海軍は、中国の漁船8隻を拿捕しました。

中国は、監視船をスカボロー礁に送り、そのまま居座ってしまった。

2013年6月、中国はスカボロー礁に、なんと軍事施設を建設しはじめた。

そうやって、フィリピンの意向を無視し、着々と、勝手に実効支配を進めていったのです。


ここからの経緯は第一章で触れたとおりです。

フィリピンは2013年、常設仲裁裁判所に、中国を訴えた。


判決は、中国の主張する「九段線」の合法性を否定した。

すると、習近平は、「一帯の島々は古来より中国の領土だ」「政府は今回の判断に基づくいかなる行動も受け入れない」といい、仲裁裁判所の判決を完全無視することを宣言した。

フィリピンのドゥテルテは、裁判で勝ったにもかかわらず、2017年3月19日、「中国はあまりに強大であり、フィリピンや中国が領有権を争う南シナ海のスカボロー礁で中国が進めている構造物建設を止めることはできない」と事実上の敗北宣言をした。

ドゥテルテ大統領は、「反米」で「親中」の大統領です。

特に、リベラルなオバマは、麻薬取引に関わる人を裁判なしで殺しているドゥテルテが大嫌いでした。

それで、ドゥテルテは、アメリカから離れ中国に接近した。

彼は反米親中であるにもかかわらず、スカボロー礁は戻ってきません。

仲裁裁判所の判決も、まったく役に立ちません。

このことは、日本に忘れてはならない教訓を与えてくれます。

もし、日本がアメリカとの関係を悪化させ、中国に接近すれば、中国はどうでるでしょうか？

中国は、「日本には尖閣だけでなく、沖縄の領有権もない」と宣言している。

それで、中国は、アメリカ軍が撤退した後、尖閣、沖縄を楽々と奪うことでしょう。

世の中には、日本人の想像を超越した人たちがいることを理解しておく必要があります。

現在の中国は、まさにそのような国。

「中国がそう決めたから」という理由で、領有権を主張しはじめる。

そして、実際に奪ってしまう。

国際司法機関が、「それは違法だ！」と判断しても、まったく気にしない。


日本がこのような国と対等な関係を築くためには、「アメリカとの良好な関係をベースにすること」が不可欠です。

アメリカとの良好な関係なしで、中国に接近すると「属国」になってしまうのです。


そういえば、２００９年、反米親中の民主党が政権につきました。

小沢幹事長は２００９年12月10日、胡錦濤国家主席に、「私は人民解放軍の野戦軍司令官だ」と発言した。

要するに、「私はあなた（胡錦濤）の部下だ！」と宣言した。

これが、中国と他国の「正常な関係」なのです。

彼らの概念の中には、「対等な関係」が存在していない。

もし日本が、アメリカとの関係を無視して、とことん中国との関係を深化させていけば、日本は中国の「小日本省」にされてしまうことでしょう。

アメリカの属国も嫌ですが、中国の属国は最悪です。

120万人殺されたチベット、100万人が強制収容所に暮らしているウイグル族の悲惨な現状を見れば、明らかでしょう。

◉再び悪化する日ロ関係

次に日ロ関係を見てみましょう。

日ロ関係は、プーチンが2016年12月に訪日し、劇的に改善されたという話でした。

しかし、現在再び関係がギクシャクしていること、皆さんも感じていることでしょう。

なぜでしょうか？

安倍総理は2018年11月、シンガポールでプーチンと会談した後、仰天の発言をしました。

〈この戦後70年以上残されてきた課題を次の世代に先送りすることなく、私とプーチン大統領の手で終止符を打つ、必ずや終止符を打つというその強い意思を完全に大統領と完全に共有いたしました〉

「**そして1956（昭和31）年、（日ソ）共同宣言を基礎として、平和条約交渉を加速させる。**」

本日そのことでプーチン大統領と合意いたしました。〉

(安倍総理の発言、産経新聞2018年11月14日)

「日ソ共同宣言を基礎として、平和条約を加速させる。」

なぜ、これが「仰天発言」といえるのでしょうか?

「日ソ共同宣言」の「骨子」は、**「平和条約締結後、歯舞、色丹を引き渡す」**。

国後、択捉には言及していません。

日本政府の要求は、これまで長年「四島一括返還」でした。

しかし、「日ソ共同宣言を基礎として」ということは、総理が**「二島返還論者」**になったことを意味します。

数年前まで、「二島返還論者」は、保守派から「国賊」「売国奴」と非難されたものです。

それが、今では総理自身が「二島返還論者」になった。

私は、1990年から2018年まで、28年間ロシアの首都モスクワに住んでいました。

この期間、政府の上の人から一般庶民まで、数えきれない人々と接してきた。

それでわかったのは、ロシア人で「四島返還が必要」と考えている人は、「皆無」ということ。

一体、彼らは何を考えているのでしょうか?

まず、ロシア人の「領土観」は日本人とかなり異なります。

ロシアの起源は、882年頃に成立した「キエフ大公国」。

だからロシア人に「固有の領土はどこですか？」と聞けば、「キエフ周辺だ」となるでしょう。


ところが、そこは現在、他国ウクライナの首都になっている。

つまり、ロシア発祥の土地は、外国にある。

ロシアはその後、東をどんどん征服し、19世紀半ば極東にたどりつきました。

そして、中国から極東を奪うまでになった。


ロシアのほとんどは、「征服した土地」。

だから、「固有の領土だから返してくれ」といっても、「意味がわからない」となる。

「固有の領土は返さなければならない」とすれば、ロシアの領土の大部分は（征服した土地なので）なくなってしまうでしょう。

そんな彼らの「領土観」は、「戦争のたびに変わる」というもの。


ロシアのインテリと話していると、こんなことをいわれます。


「1875年の樺太・千島交換条約で、日本とロシアの国境は画定された。

にもかかわらず、日本は日露戦争後、南樺太を奪った。

日本が勝ったときはロシアから領土を奪うが、ロシアが勝ったときは『固有の領土』だから奪ってはいけないという。

フェアじゃないよね」

こういう主張を聞くと私は、「ソ連は、日本がポツダム宣言受諾後に攻めてきたではないか」「ソ連が日ソ中立条約破棄を通告したのは1945年4月。失効は1946年4月のはずではないか」などと反論しました。

するとロシアのインテリは、「あれは、1945年2月のヤルタ会談で米英とも合意していたこと」とか、「戦争はそんなものだ。日本はロシア（ソ連）を責めるが、日本だって真珠湾を奇襲したではないか」などといわれる。

一般庶民についていえば、「日ソ中立条約破棄」「ポツダム宣言受諾後に攻めた」など、ロシアにとって「都合の悪い真実」は知りません。

もちろん「シベリア抑留」の話も知らない。

ロシア国民は、「ソ連は絶対善」「ナチスドイツは、ソ連人を2000万人以上殺した絶対悪」「日本は、絶対悪ナチスドイツの同盟国」と教えられて育った。

その「神話」の中では、ソ連のダークサイドは消されているのです。

そういえば、「もっとも都合の悪い真実」は、第二次大戦を率いたソ連の指導者スターリンが、ヒトラーに匹敵するほど「極悪独裁者」だったことでしょう。

だから、ソ連崩壊後の戦勝記念日では、スターリンの存在が見事に消されています。

「あれは私たちのおじいちゃん、おばあちゃんの勝利だ！」といって祝う。

ロシアのガルージン駐日大使は、２０１９年3月20日の講演で以下のように語りました。

〈ガルージン氏は**第2次世界大戦の結果、北方領土が合法的にロシア領になった**との主張が「ロシアの世論の受け止め方だ」とも主張。〉

（朝日新聞DIGITAL　２０１９年3月21日）

これは、日本人には受け入れがたい主張です。

しかし、戦後70年以上「神話」を刷り込まれてきたロシア国民が「普通に考えている」のは、まさに「これ」なのです。

◉「二島返還」も難しいという現実

四島返還は大変難しいですが、二島返還なら少しは可能性があります。

なぜなら、日ソ共同宣言は、両国議会が批准し、法的効力がある。

しかし、ロシア側は、「歯舞、色丹を返したら、そこに米軍が来るではないか」（＝だから返せない）と主張しています。

これは、「返したくないための詭弁」に聞こえますが、１００％そうともいえません。

ロシアには、アメリカを絶対信用できない理由が存在している。

１９９０年10月、西ドイツが東ドイツを編入しました。

ソ連のゴルバチョフは、ドイツ再統一を認める条件として、アメリカに「(反ソ連軍事ブロック)ＮＡＴＯをドイツより東に拡大させないこと」を要求。

アメリカは、「拡大しない」と確約したのです。

しかし、その約束は、あっさり破られた。

１９９９年、２００４年の大拡大で、東欧諸国のほとんどだけでなく、旧ソ連のバルト三国も

ＮＡＴＯに加盟した。

それでロシアは、29か国からなる「超巨大反ロシア軍事ブロック」と対峙する羽目になったのです。

このトラウマがあるため、ロシアは、決してアメリカのことを信用しません。

では、安倍総理が、「返還された島には米軍基地は置かない」と発言していることについては、どうなのでしょうか？

これも、「まったく信用されていない」といっていい。

なぜか？

ロシアから見ると、日本はアメリカの支配下にあり、完全な独立国家と見なされていない。

ロシア政府は、米国が「基地を置く」と決めれば、「日本は抵抗できない」と確信しています。

プーチンに２０１９年３月、衝撃的な発言をしました。

〈プーチン氏はこれまでの交渉の経緯を振り返った。

その上で、**日本がまず、アメリカが日本のどこにでも軍事基地を置くことができるという安全保障条約を破棄しなければならない**と指摘した。

安倍晋三首相はこれまでの会談でプーチン氏に対し、北方領土が日本に引き渡された場合、アメリカの軍事基地をそこに置かないこと保証したとされる。

だが、プーチン氏はこの日の対話の中で、**「基地の設置を認めない手段は現実的にはない」**と語ったという。〉（ハフィントンポスト　2019年3月16日）

日本が島を返して欲しければ、**「日米安保を破棄しなければならない」**そうです。

プーチンらしいですね。

非常に過激で、日本人の感情を悪化させる発言です。

しかし、背景を知ってみると、気分はかなり悪いですが、理解はできるでしょう。

◉ロシアと、どうつきあうべきなのか？

こんな理不尽なロシアと、日本はどうつきあうべきなのでしょうか？

「つきあう必要なし！」

「断交だ！」

「経済協力は、いますぐやめろ！」

こんな言葉が、ネット上にあふれる光景が目に浮かびます。

「無礼な韓国と断交しろ！次はロシアと断交だ！」

それで**一番喜ぶのは、習近平**です。

繰り返しになりますが、中国の戦略は、

・日米関係を破壊
・日ロ関係を破壊
・日韓関係を破壊
・そして、日本を孤立させ、尖閣、沖縄を奪う

日ロ関係は、確かに日米関係ほどは重要ではありません。
しかし、それでも重要なのです。

日本一国では、軍事費5倍の核大国中国に勝つことは、不可能です。
そんな現状で、中国とロシア、同時に敵に回してしまう。
これは、「自殺行為」といえるでしょう。

ですから、日本が中国に勝ちたければ、アメリカとの同盟強化が不可欠。

そして、ロシアと友好関係を築き、有事の際にロシアが中国側に立って参戦しない状態をつくらなければならない。


しかし、そのロシアは、「島を返してほしければ、日米安保を破棄せよ」と無茶をいう。

どうすればいいのでしょうか？

これは簡単なことで、**「北方領土の話を減らし、金儲けの話を増やす」**だけでいい。


思い出してみましょう。

安倍総理は２０１３年、日ロ関係改善に大変努力していました。

ところが２０１４年のクリミア併合後、アメリカ主導の「対ロシア経済制裁」に参加したことで、日ロ関係は悪化。

その後、日本政府は、ロシアと金儲けの話をしなくなり、ただひたすら北方領土の話をするようになった。

それで、両国関係は、ますます悪化した。


しかし、安倍総理は16年5月、ソチでプーチンに「8項目の協力計画」を提示。

ようやく「島返せ！」のトーンを下げ、ロシアが喜ぶ「金儲け」の話をはじめた。

それが16年12月のプーチン訪日につながり、二国関係は劇的に改善された。

ところが、２０１８年11月、安倍総理は、再び「島返せ」を前面に出すようになった。（二島に譲歩はしたが。）

結果、再び日ロ関係が悪化しているのです。

こう見ると、日ロ関係の法則は、単純。

「平和条約」（＝島返せ）の話をはじめると、日ロ関係は悪化する。

「金儲け」（＝経済協力）の話をはじめると、日ロ関係は改善される。

だから、日本は「金儲け」の話を増やし、「平和条約」の話は減らすべきなのです。

この件で、二つ強調しておきたいと思います。

「金儲け」の話は、「ロシアだけに儲けさせろ」といっているのではありません。

「日本もロシアも儲かる話をしよう」ということ。

「平和条約の話を減らす」というのは、「返還を断念しろ」と主張しているのではありません。

それでも、「対中国でロシアが必要とは思えない」という人のために、世界一の戦略家エドワード・ルトワックの言葉を引用しておきましょう。

彼は、日本がサバイバルできるかどうかは、「ロシアにかかっている」と断言しています。

〈もちろん日本自身の決意とアメリカからの支持が最も重要な要素になるのだが、**ロシアがそこに参加してくれるのかどうかという点も極めて重要であり、むしろそれが決定的なものになる可能性がある。**〉（『自滅する中国』１８８p）

「日本、アメリカ、ロシアが組めば、世界覇権を目指す中国の野望を阻止することができる」

これは、世界のリアリストたちの常識です。

現状はどうでしょうか？

トランプ大統領は、一貫して親プーチンで、ブレていません。

しかし、アメリカ議会はクリミア併合などさまざまな理由で、反プーチンである。（理解できますが。）

それで、米ロの関係はよくならず、現状ロシアは、はっきりと中国側にいます。

日ロ関係は、安倍総理が「せめて二島返せ！」と急ぎ始めたことで、悪化している。

日本政府は、大戦略を思い出し、再びロシアとの関係を改善させていって欲しいと思います。

「日本には尖閣だけでなく沖縄の領有権もない！」と宣言している中国に勝つために。

◉日韓関係をどうする？

日ロ関係よりもさらに複雑なのが、日韓関係でしょう。

ここまで読まれた皆さんは、「戦略的に考えたら、韓国とはどんな関係を築けばいいのか」わかると思います。

中国の戦略は、

・日米関係を破壊
・日ロ関係を破壊
・**日韓関係を破壊**

・そして、日本を孤立させ、尖閣、沖縄を奪う

ですから、**日韓関係が悪くなって、一番喜ぶのは中国**なのです。

これは、間違いありません。

しかし、「日韓戦争」、2019年7月にはじまってしまいました。

「慰安婦問題蒸し返し」「レーダー照射事件」「徴用工問題」などで、忍耐の限界に達した日本政府が、半導体材料の輸出管理を強化した。

そして、同年8月には、韓国を「ホワイト国」から外しました。

これで、韓国は、大騒ぎになり、「反日デモ」「日本製品不買運動」などが盛り上がりました。

この状態をどうすればいいのでしょうか？

私が、「日韓関係が悪化すると、世界一喜ぶのは習近平ですよ」といっても、「現実的に今関係が悪化しているのをどうするのだ？」と突っ込まれそうです。

そこで私の提案は、「文在寅時代の関係改善はあきらめて、次の大統領の誕生を待ちましょう」

です。

韓国の大統領は、常に反日な気がします。

李明博は2012年8月、初めて竹島に上陸した大統領になりました。

さらに同月、「日王が韓国に来たければ謝罪しろ！」と天皇陛下（現・上皇陛下）を侮辱し、日本国民を激怒させた。

次の朴槿恵は、ご存知「告げ口外交」で、日本の悪口を全世界に拡散しました。

この二人も相当な反日でしたが、文在寅は、彼らとはかなり違っています。

文は、**「北朝鮮のエージェントのような」**言動をしている。

たとえば、日本とアメリカは、北朝鮮の「完全非核化」を主張しています。

韓国は、アメリカの同盟国です。

そして、北朝鮮の核の脅威を一番感じている国。

であるのなら、日米に同調して、「完全非核化」を主張するのが当然でしょう。

しかし、文は、「段階的非核化」を主張している。

これは、北朝鮮、中国、ロシアの主張です。

つまり、文の韓国は、中国、ロシア、北朝鮮陣営に入っている。

というか、中ロ北の**「使い走り」**として、彼は動いている。

「段階的非核化」だと何が困るのでしょうか？
そもそも段階的非核化とは何でしょうか？

北朝鮮が少し非核化した。
国際社会は、少し制裁を解除した。
北朝鮮は、さらに少し非核化した。
国際社会は、さらに少し制裁を解除した。

このプロセスを繰り返し、徐々に完全非核化にむかっていく。

なんとなくよさそうに思えますが、何が問題なのでしょうか？
北朝鮮が、「少し非核化」したことに報いて、「少し制裁を解除」したら、どうなるでしょうか？

中国、ロシア、韓国から、大量の資金が北朝鮮に流れ込み、この国の経済は、急成長しはじめるでしょう。

つまり、「少し制裁解除」というのは難しい。

北を支援したくてうずうずしている中ロ韓を止めるのは困難なのです。

そして、金（かね）が手に入った金正恩は、なんのために「完全非核化」するのでしょうか？

彼は現在、金（かね）が欲しいので「非核化する」といっている。

金（かね）が入ってきたら、非核化する理由は、まったくなくなってしまいます。

日本やアメリカは、過去に何度もだまされた経験があるので、このことをわかっている。

それで、「完全非核化したら制裁解除だ」といっている。

しかし、文政権は北と同じく「段階的非核化」を主張するだけでなく、現段階ですでに「制裁緩和」を主張している。


〈韓国の康京和外相が国会答弁で、北朝鮮との経済取引を禁じた韓国の独自**制裁について、解除を「検討中」**と述べた。

対北制裁の堅持は、日米韓が何度も申し合わせた共通認識であるはずだ。

各国に厳格履行を働き掛けてもいる。百八十度異なる言葉を、韓国外相が口にすることに驚きを禁じ得ない。〉（産経新聞2018年10月12日）

もう一つ、文の奇妙な行動をご紹介します。
韓国は8月23日、日韓軍事情報包括保護協定（ＧＳＯＭＩＡ）の破棄を決めました。
これについて、アメリカ国務省は、文政権がＧＳＯＭＩＡを破棄しないよう、繰り返し求めてきました。

〈米国務省は本紙に送った論評で、**「米国は文在寅政権に対し、この決定が米国と我が国の同盟国の安全保障利益に否定的な影響を与えるということを繰り返し明らかにしてきた。**（この決定は）北東アジアで我々が直面している深刻な安保的挑戦に関して、文在寅政権の深刻な誤解を反映している」と述べた。〉（朝鮮日報　２０１９年8月24日）

そして、アメリカ国防総省は、エスパー長官自身が、ＧＳＯＭＩＡ維持の重要性を語っていました。

〈エスパー長官が9日、「韓日軍事情報包括保護協定（ＧＳＯＭＩＡ）維持が韓米日協力に重要」という趣旨の言及も行っていたことが判明したのに伴い、外交関係者の間からは「韓国政府は今後、ＧＳＯＭＩＡ破棄に慎重な立場を示すだろう」という見方が浮上した。〉（朝鮮日報　２０１９年8月10日）

アメリカ国務省、国防総省から「ＧＳＯＭＩＡにとどまるよう」説得され、「破棄しないのではないか」との見方が、韓国内でも強まっていた。

しかし、文はGSOMIA破棄を強行しました。

なぜ？

証拠がないので断言はできませんが、**「金正恩に命令されたのでは？」**という疑念がわいてきます。

こちらをごらんください。


〈北朝鮮の対南宣伝サイト「わが民族同士」は28日の論評で、日韓の軍事情報包括保護協定（GSOMIA）破棄を韓国に要求した。

北朝鮮は、歴史問題が通商摩擦に拡大した日韓の関係悪化を日米韓の軍事協力弱体化の好機とみて、引き続き協定破棄を文在寅政権に要求するとみられる。〉（日本経済新聞　2019年7月28日）

どういう経緯で文が破棄を決めたのか、真相は不明ですが、いずれにしても彼が**「アメリカより北朝鮮の意向を重視する男」**であることは、はっきりわかります。

というわけで、文は**「北のエージェントのような人」**なので、なかなか日韓関係改善は難しいでしょう。

救いは、韓国の大統領任期は、5年1期で再選は禁止されている。

文は2022年5月、確実に引退します。

それまでは現状が続いても仕方ないでしょう。

しかし、既述のように、日韓関係が破壊されて一番喜ぶのは中国です。

ですから、韓国の次期大統領が、多少なりとも親日、親米であれば、関係改善を模索した方がいいでしょう。

（慰安婦問題、徴用工問題で、妥協しろという意味ではありません。念のため。）

◉敗戦からの教訓

日本は、「敗戦国だ」といわれています。

確かに、第二次世界大戦では負けました。

しかし、過去を振り返れば、日清戦争、日露戦争、第一次世界大戦、米ソ冷戦で戦勝国でした。

4勝1敗です。

ですから、本当は、あまり自虐史観に陥る必要などないのです。

とはいえ、過去の敗戦からきっちり教訓を得ておく必要はあります。

そうでなければ、**「過去の過ちを繰り返してまた敗戦」**となる可能性がある。

「敗戦の教訓」とは何でしょうか？

私は、大きく二つあると思います。

一つ目の教訓は、**孤立すると負ける**です。


1937年、日中戦争がはじまりました。

この時、中国を支援していたのは、アメリカ、イギリス、ソ連でした。

つまり、この戦争は事実上、**日本vsアメリカ、イギリス、ソ連、中国の戦争**だったのです。


こんなもん、**勝てるはずがありません**。

普通に考えたら、絶対無理です。

日本の軍師が諸葛孔明だったとしても、勝てなかったでしょう。

問題は、なぜこんな状態になったのか、ということです。

どうして、日本はこれほどまでに孤立したのでしょうか？

実は、敗戦の種は、日中戦争から30年以上も前にまかれていたのです。

１９０５年、日本は世界史的偉業を成し遂げました。

そう、世界最大の陸軍国ロシアとの戦争に勝利した。

この勝利は、もちろん日本軍が死力を尽くして戦ったからもたらされたものです。

そして、日本に有利な状況もありました。

まず、日本は、当時世界の覇権国家だったイギリスと同盟関係にあった。

さらに、アメリカは資金面で、巨額のサポートをしてくれました。

日本の戦時国債を大量に購入してくれた（つまり金を貸してくれた）。

特にモルガン商会やクーン・ローブ商会。

ちなみに、クーン・ローブの頭取ヤコブ・シフは、「日露戦争時多額の資金援助をし、日本の勝利に貢献した」ということで、明治天皇から、「勲《くん》一等旭日大綬章《きょくじつだいじゅしょう》」を贈られています。

さらに、アメリカ政府は、日露の講和条約（ポーツマス条約）締結の仲介をしました。

ところで、なぜアメリカは、日本を助けたのでしょうか？

「満州利権に入り込みたかったから」です。

クーン・ローブ商会は、鉄道王ハリマンを支援していた。

そして、ハリマンは、日露戦争直後に来日。

ポーツマス条約によってロシアから日本に譲渡された南満州鉄道の「共同経営」を要求します。

日本側もこの話に乗り気で、いわゆる「桂・ハリマン協定」が結ばれました。

この、南満州鉄道共同経営は、中国や満州への進出を目指すアメリカにとっても非常に重要なものでした。

ところが、小村寿太郎《こむらじゅたろう》外相（1855〜1911）などがこれに強く反対し、結局日本側は「桂・ハリマン協定」（仮条約）を破棄します。

アメリカは、「日本に多額の資金を援助し、ロシアに勝ったら満州利権に入り込める！」というもくろみだった。

しかし、日本は**「満州の利権にアメリカは入れないよ！」と拒否した**のです。

アメリカは激怒しました。

この歴史的事件について、上智大学名誉教授の渡部昇一《わたなべしょういち》先生と、元ウクライナ兼モルドバ大使の馬渕睦夫《まぶちむつお》先生が、興味深い対談をしています。

まず、日本に、ハリマンの提案を受け入れるべきだったのか？

渡部先生はいいます。（太字筆者）

〈明治維新の元勲たちは直感的に、ハリマンの提案を**いい考え**だと言いました。井上馨《いのうえかおる》や伊《い》藤博文《とうひろぶみ》、渋沢栄一《しぶさわえいいち》らは、ハリマンと組んでもいいと判断した。だから仮条約まで進んだのです。

日露戦争でカネを使い果たし、日本が軍事的に支配できているのは南満洲だけ。北にはロシアの大軍がいる。これらの条件を勘案《かんあん》すれば、満洲の鉄道経営を日本だけでやろうとするのは無理があり、アメリカを入れておいたほうがいいと考えた。〉(『日本の敵　グローバリズムの正体』飛鳥新社・114p)

明治の元勲たちは、「アメリカと一緒にやったほうがいい」と判断したのですね。しかし、時の日本政府は、「アメリカを利権から追い出す」と決めた。これについて渡部先生の意見は?

〈あの時、仮条約を取り消したことが、決定的でした。アメリカを敵に回す羽目になったからです。〉(同前　115P)

日本がアメリカを敵にしたのは、日米開戦の36年も前に起こったこのできごとが原因だというのです。

馬渕先生は、この件についてどうお考えなのか?

〈ハリマンを袖にしたことが、アメリカとの戦争につながるわけですね。一九〇五年にポーツマス条約で日露戦争の和解仲介をしたアメリカは、わずか二年後の一九〇七年には対日戦争計画「オレンジ・プラン」の策定を開始します。次の戦争相手を日本に定め、準備にとりかか

った。〉（同前　115P）

なんと！

アメリカは、日米開戦の34年も前に「対日戦争計画」を作りはじめ、戦争準備を開始した。

なにはともあれ、日本は、日露戦争時多額の資金援助と和平の仲介をしてくれたアメリカの恩に報いなかった。

そして、アメリカの国益を尊重しなかった。

その結果アメリカは激怒し、「対日本戦略」（日本との戦争に勝つためのプラン）を策定した。

この話、**「善悪論」**で考えれば、「日本は8万4000人もの死者を出してロシアに勝利した。金を出しただけのアメリカに、満州利権を一部とはいえ譲れるか！」と思うでしょう。

しかし、**「勝敗論」**で考えると、別の光景が見えてきます。

日本がもっとも恐れていたのは、**ロシアの南下政策**でした。

日本最大の敵は、ロシア、後にソ連だった。

では、アメリカを満州に入れたらどうなったでしょうか？

ロシアが南下してくれば、**アメリカも対応せざるを得なくなるでしょう？**

アメリカを満州に入れておけば、**日本は対ロシアでかなり楽になった**のではないでしょうか？

アサヒビール名誉顧問の中條高德《なかじょうたかのり》氏は、名著『おじいちゃん戦争のことを教えて～孫娘からの質問状』（致知出版社）の中で、こう書いています。

〈日本には**もっと賢明《けんめい》な選択肢《せんたくし》**があったのかもしれない。たとえば、**満鉄を共同経営しようというアメリカの鉄道王ハリマンの提案をそのまま受け入れていたら、昭和の歴史は大きく変わっていたのではないかとおじいちゃんには思えてならない。**〉（31P）

問題は、「アメリカを満州利権に入れなかった」だけにとどまりませんでした。以後、**親日だったアメリカは、反日に転じ、日本とイギリスの関係を破壊するために動きはじめます。**

日本が、アメリカを満州利権に入れなかったことは、日米関係を悪化させただけでなく、日英関係にも悪影響を及ぼすようになっていったのです。

◉なぜ日英関係は悪化したのか？

日本とアメリカの関係が悪くなった理由は、わかりました。

では、日本と、同盟国だったイギリスの関係は、いつ悪化したのでしょうか。

日本が世界最強の陸軍国に勝った日露戦争。

繰り返しになりますが、日本軍が死力を尽くして戦ったことが第1の理由です。

しかし、当時世界の覇権国家だったイギリスと同盟関係にあったことも、非常に大きな勝因でした。（日英同盟：１９０２～１９２３年）

イギリスは、どんなことをして日本を助けてくれたのでしょうか？

・フランスやドイツが、ロシア側に立って戦わないようけん制してくれた。
・戦費の調達を助けてくれた。
・軍事情報を提供してくれた。
・情報戦において、国際世論が日本に味方するよう誘導してくれた
・ロシアが「軍艦を購入しようとしている」情報があれば、イギリスが先回りして購入。ロシアが軍艦を買えないようにしてくれた。
・バルチック艦隊がこれないよう、足止めしてくれた

などなど、最大限のサポートをしてくれたのです。

そんなイギリスですが、日露戦争から10年目、史上最大の危機に直面します。

そう、第一次大戦が勃発した。

日本は、**地中海に艦隊を派遣し、大いに貢献しました。**

しかし日本は、**陸軍派兵の要求を拒否しつづけた。**

イギリスは、**同盟国日本の冷淡さに、心底失望**します。

「我が国は、日露戦争時、全力をあげて日本を助けた。

しかし、今我が国が存亡の危機にたっているとき、同盟国日本は、われわれを見捨てるのか！」

具体的に、どんなリアクションがあったのでしょうか？

海上自衛隊で30年勤務された平間洋一先生の名著『日英同盟』（角川文庫）に、詳細な記述があります。いくつかご紹介しましょう。

日本側の冷淡さについて、駐日イギリス海軍武官エドワード・H・ライマー大佐は、1918年3月11日「日本の現状」という文書の中で、以下のように報告しています。

〈われわれが強い態度で状況を明確に説明し、イギリスが過去いかに日本を援助したか、同盟国として何をすべきかを明確に説明し、同盟国としての義務に耐えるべきであると強く示唆すると、日本人はわれわれから離れてしまう。そして、イギリスが援助を哀願し、へつらい譲歩すると、賢い者はうまくやったと秘《ひそ》かに得意になり、無知な者は単に自信を増加させ要求をエスカレートさせるだけである。（中略）

日本は金に酔い太平洋のリーダーという夢に目が眩《くら》んでいる。〉（143～144p）

第一次大戦中、駐日大使だったウィリアム・C・グリーン氏は、友人に次のような手紙を書いていました。

〈「戦争が勃発しわれわれが手一杯の時に、**わが同盟国にいかに失望したか**を語る必要はないであろう」、任期中に加藤高明、本野一郎、後藤新平《ごとうしんぺい》、石井菊次郎《いしいきくじろう》の四人の外務大臣に接したが、イギリスの協力要請に対する対応は常に同一態度、すなわち、直ちに拒否するか、後程回答すると述べて拒否するか、未《いま》だ考慮中と述べて時間切れを待って拒否するかの何れかであった〉（同前　151p）

当時の日本政府には、「同盟国イギリスを助けよう」という気持ちは「まったくなかった」ようです。

外務次官ニコルソン氏は、いいます。

〈**私は日英同盟を全然信用していない**。日本は最小のリスクと負担で最大の利益を引き出そうとしている〉（同前）

そして、最大の衝撃は、1917年3月に**大英帝国会議**で配布された、「**日英同盟に関する覚書**」でしょう。

〈日本人は**狂信的な愛国心、国家的侵略性、個人的残忍性、基本的に偽りに満ちており、日本は本質的に侵略的な国家である。**日本は自分の将来に偉大な政治的未来があると信じている。……すべての日本人は侵略的な愛国心、近隣の黄色人種、褐色人種よりも優れているとの優越思想を、生まれた時から教えられてきた。そして、近隣諸国に日本独自の文化を押し付けることを道義的義務と考えている。この日本の侵略的な野望とイギリスの適正な要求とを調和する余地があるであろうか。〉（同前　１４９ｐ）

「世界一広大な植民地をつくったイギリスに、『道義云々』を口にする権利があるのか？」と突っ込みたくなりますが。

しかし、事実として、イギリス議会は日本に対して大いに憤っていたのです。

これは「人種差別」でしょうか？

もちろんそういう要素もあったでしょう。

しかし、「イギリス史上空前の危機に、日本は同盟国を助けなかった」ことが最大の理由といえるでしょう。

太平洋戦争がはじまる**24年前**、すでにイギリスは、「**日本は本質的に侵略国家である！**」と宣言していました。

第一次大戦の結果、**イギリスは「日英同盟破棄」を決意**します。

それればかりではありません。

大戦時イギリスを救ってくれたアメリカと急速に接近していった。

米英はこの時から、「日本をいつか叩きつぶしてやる！」と決意し、「ゆっくりと殺していく」ことにしたのです。

日本は、日露戦争直後と、第一次大戦時の対応で米英を敵にまわし、「敗戦への道」を歩みはじめていたのでした。


第一次大戦について、「反自虐史観」の本では、「いかに日本海軍が貢献し、イギリスを助けたか」という側面が強調されます。

日本海軍が大活躍したのはその通りなのですが、その部分だけ強調すると、**「では、なぜイギリスは、日英同盟破棄を決めたのか？」**がわからなくなってしまいます。

わからないので、「アメリカのせいで……」となる。

確かに、アメリカが日英同盟破棄を望んでいたのはそうなのですが、イギリス側にメリットがあれば、同盟はつづいていたことでしょう。

◉日本はなぜ、世界を敵にまわしたのか？

次の重要な転機は、おそらく1932年の満州国建国でしょう。

日本は当時、1917年のロシア革命で誕生した世界初の共産国家、ソ連を最大の敵と考えていました。

共産主義拡大を防ぐ防衛基地として、満州はますます重視されるようになります。

1920年代、日本では、悪いできごとが続きました。

1923年、関東大震災が起こり、14万人の犠牲者が出ます。

1927年、昭和金融恐慌。

1929年には、アメリカ発世界恐慌が起こりました。

英米仏は、自由貿易から保護貿易に転じ、「ブロック経済圏」を作ることで、恐慌を乗り切ろうとします。

しかし、日本には、「ブロック経済圏」を作れるだけの植民地がない。

それで満州は、「日本経済復活に欠かせない」と考えられるようになったのです。

国際連盟は、「満州国」について調べるため、イギリス人リットン伯爵を団長とする調査団を派遣します。

この調査団の報告をもとに作成された勧告案は、どうだったのでしょうか？

満州国は、地元住民の自発的な意志による独立とは言い難く、その存在自体が日本軍に支えられている。

要するに、満州国は、「日本の傀儡国家」ということです。

それで、満州国を独立国家として認めることはできない。

では、満州をどうするべきなのでしょうか？

満州には、中国の主権下に自治政府を樹立する。

この自治政権は国際連盟が派遣する外国人顧問の指導の下、十分な行政権を持つものとする。

満州に日本が持つ条約上の権益、居住権、商権は尊重されるべきである。


簡単にまとめると、こうなります。

1　満州国の承認はできない。
2　満州には中国主権下の自治政府を樹立する。
3　日本の特殊権益を認める。

皆さん、リットン調査団の勧告案はどうでしょうか？


さて、藤原正彦先生は、大ベストセラー『国家の品格』で知られています。

日本の歴史、文化、伝統を大切にする保守で、日本を代表する愛国知識人といえるでしょう。

藤原先生には、『日本人の誇り』（文春新書）という全日本国民必読の書があります。

この本は、題名のとおり、「日本人の誇り」に関するもの。

読めば元気になってきます。

しかし、藤原先生は、過去のすべてを肯定されているわけではありません。

たとえば、この「リットン報告書」と日本の対応については、厳しく批判されています。

少し引用してみましょう。


〈それどころか昭和天皇もこのリットン報告書は妥当と思われていました。

『昭和天皇独白録』にこうあります。

「私は報告書をそのまゝ鵜呑みにして終ふ積りで、牧野、西園寺に相談した処、牧野は賛成したが、西園寺は閣議が、はねつけると決定した以上、之に反対するのは面白くないと云ったので、私は自分の意思を徹することを思ひ止ったやうな訳である」〉（159p）

そして、藤原先生ご自身の「リットン報告書」と日本政府の対応についての評価がつづきます。

〈リットン報告書を受諾して、すなわち名を捨て実を取り、**アメリカやイギリスにも満州国の利権を一部譲ってやる**位のことをしておけば、**日本は英米と協力し共産ソ連の南下に対抗で**きたのです。絶好の機会を逸した上に**日本は世界の孤児となった**のです。**冷徹な計算のない、余りに拙劣な外交には嘆息が出ます。〉**（同前　159～160p）

どうですか、これ？

日本のよさを伝えつづけておられる藤原先生でも、当時の政府の対応は「余りに拙劣な外交」

と嘆いておられるのです。

私もそう思います。

さて、勧告案は1933年2月24日、国際連盟総会で採決されることになります。

結果は、日本の惨敗。

イギリス、フランスばかりか、のちに同盟国となるドイツ、イタリアも勧告案に「賛成」。

採決の結果、「賛成」42、「反対」1（日本）、「棄権」1（シャム＝いまのタイ）。

「国際社会」が下したこの厳しい結論に、日本はどう反応したのでしょうか？

そう、**国際連盟を脱退してしまった**のです。

私たちはいま、このときの状況を冷静に考えてみる必要があります。

42対1（日本だけ）とは、どれだけ「孤立」していたのかというのです。

たとえば、2003年からのイラク戦争。

私たちは、「フセインは国際社会で完全に孤立していた」と思いがちです。

しかし、実際はそうでもありませんでした。

国連安保理常任理事国5か国のうち、3か国（フランス、ロシア、中国）が戦争に反対していました。

少なくとも、当時の日本より、だいぶマシです。

「満州国建国を認めない」に賛成が42、反対1（日本のみ）というのは、「ものすごく孤立していた」といえる。

ちなみに満州国について、私が「脱自虐史観本」を書くなら、建国時1932年の人口は2928万人だったが、その後10年で4424万人まで増えた。

あるいは、当時世界には60か国しかなかったが、そのうち20か国が満州国を国家承認したことなどを強調するでしょう。

しかし、今回は、「善悪論」ではなく、「勝敗論」をお話ししています。

ここまでの流れを整理してみましょう。

1　日露戦争時、日本、アメリカ、イギリスの関係は、良好だった。
2　日露戦争後、日本は満州利権を独占し、アメリカが反日に変わった。
3　第一次大戦時、日本は、同盟国イギリスの「陸軍派兵要求」を断りつづけ、失望させた。イギリスは反日になり、日英同盟は破棄された。
4　日本は満州国建国問題で、国際連盟で孤立。国際連盟を脱退し、世界的に孤立した。
5　そして、日中戦争が1937年にはじまった時、日本は、アメリカ、イギリス、ソ連から支援を受ける中国と戦うハメになった。

「なぜ日本は、先の大戦で負けたのか？」

私が出した結論は、

「日本は、孤立したから負けたのだ」

です。

ですから、日本は、**勝つために「孤立しないこと」を常に心がける必要があります。**

日本は戦後、一貫して「弱腰外交」をしてきました。
それに対する反発と反動で、現在は、「強気一辺倒の外交は、国益を守る良い外交だ」と考える人が増えています。

そんな人たちは、韓国があまりにも無礼なので、「断交してしまえ！」と主張します。
ロシアは、北方領土を返さないので、これまた無礼です。
それで、「ロシアとも断交してしまえ！」

トランプは、「日米同盟は不平等だ」とし、「日米同盟破棄」に言及した。

〈米ブルームバーグ通信が6月24日、「トランプ大統領が最近、側近との会話で『**日米同盟の破棄**』に言及した」と報じた。

「日本が攻撃された場合に米国が防衛を約束しているのに、日本は米国を防衛する義務を負っておらず一方的」と認識しているという。〉（「日経ビジネス」２０１９年6月26日）

この話を聞けば、「上等だ！破棄してやろうじゃねえか。日本国は、日本自身が守ってやるぜ！」。

こんな傾向が強まっていけば、日米断交、日ロ断交、日韓断交。

あれ？

何かデジャブではないですか？

そうです、これは、**反日統一共同戦線戦略**、そのままです。

既述のように反日統一共同戦線戦略は、

・日米関係を破壊

・日ロ関係を破壊

・日韓関係を破壊

するのです。

そして、日本を孤立させ、尖閣、沖縄を奪う。

そう、日本で大人気の「強気一辺倒外交＝国益を守る外交」をつづけていけば、**日本はすべての国と関係が悪くなる。**

それは、**中国の思惑通り**です。

そして、**中国は、まず尖閣を奪い、米軍が去った沖縄を楽々と奪いとる**ことでしょう。


ちなみに、戦前の日本の外交は、まさに「強気の外交」でした。


アメリカが、「満鉄を共同経営しよう！」と提案すると、日本は、「NO！」と拒否した。

イギリスが、「陸軍を出してくれ！」と要請したら、日本は「NO！」と拒否した。

国際連盟が、「リットン調査団の勧告案を受け入れよ！」と要求したら、「NO！」と反発し、国際連盟を脱退した。


まさに当時の日本は、「**NO！といえる日本**」ではありませんか？

しかし、問題は、日本政府が「国益を守る」と思ってした行動が、ことごとく裏目に出てしまったことです。

日本は世界的に孤立し、日中戦争がはじまった時は、中国だけでなく、アメリカ、イギリス、ソ連を敵にしていた。


果たして、これが「いい外交だった」といえるでしょうか？

結果を見ると、「いい外交だった」はずがありません。


大人の世界では、我慢を強いられることがあります。

社長が嫌な人でも、普通は、「あなた嫌な人ですね！」とはいいません。

大きな取引先の担当者が嫌な人でも、笑って接待しなければならないことがあります。

それが大人の世界です。

国家間でも、「勝ちたいのであれば」「戦略に合致するのであれば」、相手国の多少のネガティブ面は、我慢する必要があります。


アメリカは、悪魔のような男ヒトラーに勝つために、もう一人の悪魔スターリンを組みました。

第二次大戦後は、かつての敵日本、ドイツ（西ドイツ）と組んで、ソ連と対峙しました。

それでも勝てそうにないことがわかると、今度は、３人目の悪魔・毛沢東と和解した。

これは、アメリカが「戦略的」に動いていることを示しています。

日本も、戦勝国になりたければ、アメリカのこんな冷徹さを学ぶ必要があるでしょう。

◉戦勝国側にいることの重要性

第二次大戦敗戦、二番目の教訓は、

「負ける側につくと、負ける」

です。

メチャクチャ、当たり前に聞こえますが。


たとえば、第一次大戦。

日本は、日英同盟があったので、イギリス側につきました。

既述のように、陸軍派兵を断ってイギリスを怒らせた。

それでも形の上では、イギリス側にいました。

イギリスの側には、アメリカもロシアもいた。

日本は、負けたドイツの側にいなかったので、「戦勝国」だった。


第二次大戦。

日本は、ドイツの同盟国でした。

それで、ドイツと一緒に負けたのです。

簡単な話です。


日独伊三国同盟が締結されたのは、1940年9月。

第二次大戦がはじまってから、1年も経ってからです。

当時ドイツは、大国フランスをわずか1か月で降伏させるなど、破竹の勢いで勝ち進んでいた。

それで、日本は、判断を誤ってしまったのです。


では、日本はどうするべきだったのでしょうか?

1941年8月、いわゆる「ABCD包囲網」で日本に石油が入らなくなりました。

当時、日本は石油の92%を輸入に頼っていた。

それで、深刻なエネルギー不足になることが予想された。


1941年12月、日本は、真珠湾を攻撃し、日米戦争が勃発しました。

1941年12月、イギリスの支配下にあったボルネオ島を攻撃。ミリ油田、セリア油田、ルトン製油所を制圧。

1942年1月、オランダ領セレベス島メナドを攻撃

1942年2月、オランダ領スマトラ島パレンバン油田を攻撃、制圧。

要するに、東南アジアのイギリス、オランダ領を攻めて油田を確保した。

実をいうと、日本は、真珠湾攻撃をせず、いきなり東南アジアのイギリス、オランダ領を攻めて油田を確保すればよかった。

そうすれば、「アメリカは、日本との戦争に突入できなかった」という説があります。

ご存知の方も多いと思いますが、ルーズベルトは、「戦争しない」ことを公約に掲げ、再選された。

彼は、日本がアメリカ領を攻めたので、有無をいわさず戦争をはじめることができた。

しかし、日本がアメリカ領ではなく東南アジアを攻めただけでは、「戦争を開始する口実」と

しては弱すぎた可能性がある。

日本は、石油問題を解決し、アメリカと戦争にならない。
万々歳です。
イギリス、オランダとは戦争になるでしょうか？
オランダは１９４０年5月、すでにナチスドイツに敗れていました。
イギリスは、ドイツと死闘を繰り広げていて、東南アジアで戦争をする余裕はなかったでしょう。
何がいいたいかというと、日本は、ナチスドイツの同盟国にならなくても、道はあったということです。

米中覇権戦争がはじまりました。

日本は、「勝つ方」につけば、「戦勝国」になれます。

ですが、**「負ける側」につけば、また「敗戦国」になります。**

そして、今**世界中が、「アメリカが勝つのかな？　中国が勝つのかな？」と悩んでいるのです。**

しかし、第二章で触れたように、**この戦いはアメリカが勝ちます。**

だから、日本は、**アメリカの側にいて、米中覇権戦争の戦勝国になるべきなのです。**

◉日本の長期大戦略

ここまで主に、米中覇権戦争で、日本はどうふるまうべきかを書いてきました。

それは、中国の対日戦略を無力化する方法と変わりません。

簡単にいえば、日米、日ロ、日韓関係を良好に保つことで、反日統一共同戦線戦略を無力化できる。

同時に、米中覇権戦争の戦勝国になることもできる。

韓国については、すでに「日韓戦争」がはじまったので、「文後に親日政権ができるように努力しましょう」ということでした。

しばらくは、ここまで書いた方法でいいのですが、アメリカも衰退していく方向です。

もっと長期的視点で考えると、「アメリカ、ロシア、韓国との関係を強化する」だけでは足りません。

日本には、将来を見据えた「**大戦略**」が必要になってきます。

「大戦略」でもっとも大事なのは、「**誰が敵で、誰を味方につけるか、はっきりさせること**」です。

日本は第二次大戦前、「主敵がどの国か？」決めていませんでした。

陸軍は「ソ連だ！」といい、海軍は「アメリカだ！」と主張していた。

これ、国家として決める必要があります。

日本最大の敵は、中国です。

「敵」という言葉は、使いたくありませんが。

しかし、中国は、「日本には、尖閣だけでなく沖縄の領有権もない！」と宣言している。

さらに、アメリカ、ロシア、韓国と「反日統一共同戦線」をつくり、日本を叩きつぶそうとしている。

そして、領海侵犯、領空侵犯を繰り返し、年々挑発を激化させている。

これらはすべて「敵対的行為」であって、「敵」という用語を使わざるを得ません。

結局、**日本の「大戦略」は、「中国の尖閣、沖縄侵略を、仲間を増やし防ぐこと」が目的**になります。

では、日本はどの国と組むべきなのでしょうか？

はおとなしくなる。

最重要国は、いうまでもなく**アメリカ**です。
現時点で、アメリカ政府高官が、「尖閣は日米安保の適用範囲である！」と言うだけで、中国はおとなしくなる。

もう一つの最重要国は、**インド**です。

ライフサイクルを見ると、欧州は成熟期、アメリカも成熟期、中国は成長期の最末期となっている。

しかし、インドだけは、いまだ**成長期の前期に**あり、これからもますます成長しつづけていくことが確実です。

インドは１９４７年、イギリスから独立しました。

その後、混乱期が長くつづき、この国が成長期に入ったのは１９９１年でした。

この年、インドは「経済社会主義」を捨てて、「自由化」に踏み切った。

中国は、鄧小平が「資本主義導入」を決めた１９７８年から成長期に入った。

つまり、インドが成長期に入ったのは、中国より13年遅かったことになります。

インドのＧＤＰは２０１８年、２兆７１６７億ドルで、世界７位。

しかし、一人当たりＧＤＰは同年、２０３６ドルで、世界１４５位という低さ。

常識的に考えると、インドはまだまだ「**成長期前期**」にいることがわかります。

この国の一人当たりＧＤＰが、（それでも貧しい）いまの中国並みまで増加したと仮定します。

すると、インドのＧＤＰは、約９兆ドルになり、日本を軽く超えてしまいます。

そして、インドの人口は、日本の約10倍、12億１０００万人ですから、同国のＧＤＰが将来日本を超えることは「必然」なのです。


将来、インドは、中国に並ぶ大国になるでしょう。

ですから、日本は未来を見据え、インドとの関係を強化していく必要があります。

アメリカと、インドが日本の**最重要国家**です。


次に、アメリカ、インドほどではないが、重要な国々について考えてみましょう。

まず、**EU**です。

ＥＵは、距離的に遠いことから、東シナ海、南シナ海問題に関心がありません。

しかし、二つの理由で、大事です。

まず、経済規模が大きい。

ＥＵは、世界ＧＤＰで約23%を占めている。（イギリスも合わせたデータです。）

もう一つは、情報戦に強いこと。

欧州は、「人権を重視する」というイメージがあるため、ＥＵ発の情報は、無条件で世界に受け入れられる傾向があります。


ロシアがクリミアを併合した後、アメリカと欧州（と日本）は、対ロ経済制裁を実行しました。

ロシアは、世界ＧＤＰの半分以上から制裁される形になり、大変厳しい状況におかれた。

日中関係が、たとえば尖閣有事などで極度に悪化した際、欧州が日本側にたって経済制裁してくれればベストです。

そこまでいかなくても、「中国が悪い、日本は被害者」という国際世論づくりに協力してくれる状態をつくっておくことが大事です。

次の重要な国は、**ロシア**です。

ロシアについては、既に触れました。

そして、**台湾、ベトナム、フィリピン、オーストラリア**などです。

これは、**「中国の脅威を感じている国々」**です。

もちろん、これらの国々も、米中の間で揺れています。

日本は、台湾、ベトナム、フィリピン、オーストラリアなどを、日米の方にさりげなくひっぱってくる必要があります。

以上まとめると、

最重要の国々　＝　アメリカ、インド

重要な国々　＝　ＥＵ、ロシア、中国の脅威を感じている国々（台湾、ベトナム、フィリピン、

オーストラリアなど）

となります。

繰り返しますが、日本は戦前、孤立し、アメリカ、イギリス、ソ連、中国を同時に敵にまわすという愚行を犯しました。

今回は、孤立を避け、アメリカ側につき、戦勝国として、米中覇権戦争時代を抜けていかなければなりません。

あとがき

私は１９９０年（平成2年）、モスクワに留学しました。

日本に戻ってきたのは２０１８年（平成30年）11月です。

それで、私が平成時代、フルで日本にいたのは、平成元年と平成最後の31年だけでした。

平成は、経済面だけ見れば「暗黒の20年」とも「暗黒の30年」ともいわれる暗い時代でした。

しかし、「平成」の名のごとく、平和な時代でした。

世界を見れば、湾岸戦争、アフガン戦争、イラク戦争、ロシア―グルジア戦争、リビア戦争、シリア内戦、ウクライナ内戦など、戦いが絶え間なくつづいていましたが。

日本には、天災やテロなどあったものの、戦争はなかった。

それが救いでした。

新しい「令和」という元号。

意味は、「美しい調和」だそうです。

しかし、世界を見渡せば「美しい調和」はなく、アメリカと中国が覇権戦争を開始しています。

日本はどうすればいいのか？

敗戦の教訓を活かして、**「戦闘にならないように」「再び敗戦国にならないように」**と願いを込めて、本著を書いてきました。


私の父方の祖父は、満州で戦死しています。

祖母は、30歳で未亡人になり、女手一人で4人の子供を育てあげました。

長男である私の父は、祖父（彼の父）が亡くなったので、9歳から働いて祖母（彼の母）を助けました。


当時日本にあふれていた「ありふれた悲劇」の一つです。


私は、日本がこのような悲劇を繰り返すことがないように、祈りながらこの本を書き終えます。

そして、令和30年を迎えるとき、**日本が「世界に美しい調和をもたらす国」になっていますように。**


この本は、大変多くの人々の協力をえて出版にいたることができました。

まず、この本を出版することに同意してくださった育鵬社さん。

特に編集を担当してくださった、大越昌宏氏。
私と大越氏を結びつけてくださった、伊勢雅臣氏。
心から感謝申し上げます。

いままで私を育ててくださった人々がいなければ本書を出すことはできませんでした。
風雲舎の山平松生社長。
アウルズ・エージェンシーの下野誠一郎氏、田内万里夫氏。
元パブリッシンググリンク、および「小説新潮」元編集長の校條剛氏。
同じくパブリッシンググリンクの三浦圭一氏、定家励子氏、海野早登子氏。
元パブリッシンググリンク、広島香織氏。
元草思社、現筑摩書房の田中尚史氏。
ダイヤモンド社の石田哲哉社長。
同じくダイヤモンド社の津本朋子氏。
集英社インターナショナルの生駒正明氏。

本当にありがとうございます。

また、5万8000人のメルマガ読者のみなさまに、心から感謝申し上げます。

この本を読まれ、「有益な情報だった。もっと知りたい！」という方は、主に最新の世界情勢と、「日本自立」にかかわる情報を配信している、私の無料メルマガ「ロシア政治経済ジャーナル」(http://www.mag2.com/m/0000012950.html) に登録してみてください。

最後までお読みくださり、ありがとうございました。

またお会いできる日が来るのを、心待ちにしております。

令和元年9月

北野　幸伯

【著者略歴】

北野幸伯（きたの・よしのり）

国際関係アナリスト。1970年生まれ。19歳でモスクワに留学。1991年12月、現地でソ連崩壊を目撃する。1996年、ロシアの外交官養成機関である「モスクワ国際関係大学」（MGIMO）を、日本人として初めて卒業（政治学修士）。1999年、メールマガジン「ロシア政治経済ジャーナル」（RPE）を創刊。「わかりやすい！」「面白い！」「予測があたる！」と話題になり、読者数が急増しつづける。RPEは現在、会員数58000人。業界最大手「まぐまぐ」の「ニュース、情報源部門」で日本一のメルマガである。また、2015年「まぐまぐ大賞」で総合１位を受賞。「日本一のメルマガ」と認定された。リアリズム大国ロシアの首都モスクワに28年在住。アメリカや、平和ボケした日本のメディアとは全く異なる視点から発信される情報は、高く評価されている。2018年、日本に帰国。

著書に、『中国・ロシア同盟がアメリカを滅ぼす日』（草思社）、『隷属国家日本の岐路』（ダイヤモンド社）、『プーチン最後の聖戦』『日本自立のためのプーチン最強講義』『日本人の知らない「クレムリン・メソッド」』（以上、集英社インターナショナル）、『中国に勝つ 日本の大戦略』『日本の生き筋』（以上、育鵬社）などがある。

著者のメールマガジン「ロシア政治経済ジャーナル」
（http://www.mag2.com/m/0000012950.html）

米中覇権戦争の行方

発行日　2019年10月10日　初版第１刷発行

著　者　北野幸伯
発行者　久保田榮一
発行所　株式会社　育鵬社
〒105-0023　東京都港区芝浦1-1-1　浜松町ビルディング
電話03-6368-8899（編集）　http://www.ikuhosha.co.jp/
株式会社　扶桑社
〒105-8070　東京都港区芝浦1-1-1　浜松町ビルディング
電話03-6368-8891（郵便室）
発　売　株式会社　扶桑社
〒105-8070　東京都港区芝浦1-1-1　浜松町ビルディング
（電話番号は同上）
本文組版　株式会社　明昌堂
印刷・製本　サンケイ総合印刷株式会社

ISBN 978-4-594-08323-6

本書のご感想を育鵬社宛てにお手紙、Eメールでお寄せください。
Eメールアドレス　info@ikuhosha.co.jp

好評既刊

『アメリカン・バカデミズム』

ジェイソン・モーガン著　本体1400円＋税

好評既刊

『日本の生き筋』

北野幸伯著　本体1600円＋税